PRIX : 40 CENTIMES.
UNE PIÈCE PAR SEMAINE.

MAGASIN THÉATRAL ILLUSTRÉ

BARBRÉ, ÉDITEUR,
BOULEVARD ST-MARTIN, 12.

MICAËL
L'ESCLAVE

DRAME EN QUATRE ACTES PRÉCÉDÉS D'UN PROLOGUE

PAR M. JOSEPH BOUCHARDY

Représenté pour la première fois, sur le théâtre de la Gaîté, le lundi 18 avril 1859.

Direction de M. A. HARMANT.

S'adresser pour la Mise en scène à M. RHOZEVIL, Régisseur Gérant.

DISTRIBUTION DE LA PIÈCE

LE PRINCE FAUSTUS SÉMOLOFF, premier rôle, ou grand troisième rôle	MM.	LATOUCHE.
FÉDOR, son intendant, troisième rôle marqué.		PÉPIN.
MICAËL, serf russe, grand premier rôle		DUMAINE.
GEORGES BERNARD, sergent d'Infanterie française, second premier rôle		CLÉMENT JUST.
RICHARD, jeune premier		CH. LEMAITRE.
LE CAPITAINE BLUM, rôle de convenance		JULIAN.
TOLAPP — premier comique		ALEXANDRE.
MORGATCH, — utilisés		JANNIN.
KACIANE, — utilisés		MALLET.
UN GUIDE, rôle de convenance		CHEVALIER.
SCHMITH, domestique	M.	AUBRY.
LA COMTESSE ALEXANDRA, premier rôle	Mmes	GABRIQUE.
PAULA, 20 ans, jeune première		DESMONTS.
SOPHIE, femme de chambre, 25 ans	Mlle	MATHILDE.

Domestiques, officiers, soldats russes, serfs et serves.

La scène se passe dans une Forêt de la Province d'Arkangel en 1816.

PROLOGUE

Un carrefour de la forêt. Plusieurs routes y aboutissent. On y a construit un hangar en l'appuyant sur des pieux et sur les troncs de grands arbres; dans ce hangar, qui occupe les deux tiers de la droite du théâtre, une grande cheminée. Au fond, à gauche, un grand tas de fagots. Sur le devant, à droite, et en dehors de la cabane, une table rustique, escabeaux. Quelques serfs muets en dehors. On entre sous ce toit, à droite, à gauche et au fond.

—

La droite est toujours celle du spectateur.

SCÈNE PREMIÈRE.

TOLAPP, KACIANE, MORGATCH. *Au lever du rideau, Kaciane regarde sur la route, Tolapp rarrange sa chaussure et Morgatch est assis.*

KACIANE, *regardant sur la route à gauche.* Encore nos compagnons qui courent!

TOLAPP. Ils vont sans doute voir de nouveau passer les soldats.

KACIANE, *revenant en scène.* Grand bien leur fasse!.. moi j'aime mieux me reposer. (*Il s'assied sur un escabeau placé à gauche en dehors de la cabane.*)

MORGATCH. Que viennent donc faire ces soldats?

KACIANE. Je ne sais.

TOLAPP. Ni moi non plus.

KACIANE. Micaël, qui est allé jusqu'à la colonie... pourra sans doute nous le dire.

MORGATCH. Micaël!... le protégé des maîtres.

TOLAPP. Lui!... protégé?

MORGATCH. N'est-il pas devenu, depuis trois jours, l'un des gardiens de la forêt?

TOLAPP. Parce qu'on l'a sans doute cru plus capable qu'un autre de faire sentinelle, lui qui était de la campagne de France.

MORGATCH. Beau militaire, ma foi, qui s'est hâté de profiter de l'ukase du czar pour quitter l'uniforme.

SCÈNE II

LES MÊMES, MICAEL.

MICAEL, *qui vient d'entrer*. Et que t'importe, Morgatch, que je sois ou non soldat?

MORGATCH. Je n'aime pas les hommes qui ont peur.

MICAEL. Qui te dit que j'ai peur?... Quand la paix fut enfin signée, l'Empereur publia un ukase qui permettait aux serfs de quitter le service militaire, et de reprendre leur ancienne condition de servage... j'ai usé d'un droit... voilà tout... D'ailleurs... je ne soupçonnais pas que Matrena, ma femme, était morte pendant mon absence... Et n'ai-je pas mon fils, mon petit Paul, dont je serais éloigné, si j'étais resté soldat?

MORGATCH. Les serfs n'ont pas d'enfants, leurs enfants sont au maître.

KACIANE, *qui se tenait à gauche*. Attention!... compagnons... voici l'intendant Fédor.

TOUS, *excepté Micaël*. L'intendant? (*Morgatch se lève rapidement, et tous se placent sur une ligne et se découvrent. Micaël en fait autant que les autres.*

SCÈNE III.

LES PRÉCÉDENTS, FÉDOR, LE CAPITAINE BLUM. (*Fédor entre accompagné du capitaine et suivi de deux* DOMESTIQUES *en livrée, qui portent une caisse dont ils se débarrassent. Derrière eux, des* SOLDATS RUSSES *qui suivent le capitaine et restent en dehors de la toiture sur la route.*

FÉDOR, *à Blum*. Ici, capitaine, nous pourrons nous reposer.

BLUM. Je le veux bien...

FÉDOR. Et je vais vous y offrir le thé.

BLUM, *surpris*. Ici?

FÉDOR. Oui... J'ai toujours avec moi (*désignant les domestiques*) porté par mes laquais tout ce qu'il faut pour cela. Vite! qu'on mette le feu au samavar et qu'on nous serve! (*Pendant la scène suivante, les Domestiques prennent dans la caisse un riche tapis qu'ils mettent sur la table rustique, le couvrent de tasses et d'un sucrier d'argent.*)

FÉDOR, *au Major*. Maintenant, capitaine, nous allons faire plus ample connaissance.

BLUM. Le capitaine Blum, jadis lieutenant dans l'armée du Caucase.

FÉDOR. Quelle circonstance vous amène donc dans la forêt?

BLUM. L'ordre que j'ai reçu d'y cerner et d'y saisir vingt prisonniers français qui en ont fait un refuge (*Mouvement des Serfs*). C'est une mauvaise commission... mais avant tout... le devoir. (*Aux Serfs*). Écoutez, vous autres. Voici l'arrêté du gouverneur, qui est affiché dans la province. (*Le donnant à Fédor*). Tenez, maître, faites-en lecture.

FÉDOR, *prenant l'arrêté*. Écoutez tous! (*Il lit.*) « Des ennemis, des prisonniers se sont, à « l'aide de violence, échappés de la citadelle. « Par ordre suprême, à tout serf, affranchi, « artisan ou bourgeois, qui désignera ou li- « vrera un des fugitifs, sera allouée, à titre de « récompense, la somme de deux cents rou- « bles, (*mouvement des Serfs*) et celui qui ca- « chera, secourra ou défendra un des coupa- « bles désignés... sera de suite emprisonné « pour être, comme traître et rebelle, déporté « en Sibérie. » (*Blum prend l'arrêté des mains de Fédor.*)

UN DOMESTIQUE, *à Fédor en mettant le thé sur la table*. Maître, le thé est servi.

FÉDOR, *à Blum en lui indiquant sa place*. Capitaine... si vous voulez...

BLUM.* Volontiers. (*Ils s'asseyent. Fédor verse le thé.*) Et vous, maître, votre nom?

FÉDOR. Fédor Fédorowitch, représentant ici. Sa Haute Excellence le prince d'Arckangel

BLUM. Enfant prédestiné!

FÉDOR. Qui ça?

BLUM. Le prince d'Arckangel.

FÉDOR. Enfant comme vous et moi.

BLUM. Cependant le père étant mort, je supposais naturellement...

FÉDOR, *l'interrompant*. Je vois que vous ne savez rien des événements qui ont suivi le décès du prince.

BLUM. Rien en vérité.

FÉDOR. Pour reconnaître les services que lui avait rendus, pendant son ambassade en Perse, le comte Semoloff, l'Empereur lui fit don de la riche principauté d'Arckangel, déclarant qu'afin qu'elle pût se perpétuer dans la maison des Sémoloff... elle échoierait toujours par succession à ses héritiers du sexe masculin.

BLUM. Je sais cela.

FÉDOR. Et vous savez aussi que le prince ne jouit pas longtemps de cette impériale faveur, puisqu'il mourut, jeune encore, dans un second voyage qu'il faisait en Perse.

BLUM. Oui, et je sais encore, qu'à l'époque de sa mort, la comtesse Alexandra, qu'il avait épousé en Suède... et qui l'avait suivi dans son voyage... était enceinte.

FÉDOR. Deux mois après, en effet, la comtesse revenant seule en Russie, fut jetée par une tempête sur les côtes de la mer Caspienne. et ce fut là qu'elle donna le jour à un enfant.

BLUM. Qui n'a pas vécu?

FÉDOR. Si par Dieu!.... mais c'était une fille.

BLUM. Une fille?

FÉDOR. Et les filles étant exclues de l'héritage, la principauté est revenue en droite ligne à un cousin du Prince, le nommé Faustus Sémoloff.

BLUM. Mais je n'ai jamais entendu parler de ce Faustus Sémoloff...

FÉDOR, *se levant*. Né en Finlande. Il n'était jamais entré en Russie, où il possède aujourd'hui dix mille serfs et plus de cinquante villages.

BLUM, *se levant aussi*. Est-ce qu'il est ici? (*Pendant la fin de cette scène, les Domestiques remettent la vaisselle et le tapis dans la caisse.*)

FÉDOR. Il n'a pas encore eu le temps d'y venir et m'a chargé de visiter ses terres en me faisant suivre par sa livrée.

BLUM. C'est une preuve de confiance... Le devoir m'appelle, au revoir mon hôte.

FÉDOR. Je prends le même chemin que vous, Capitaine.

BLUM. Venez donc.

* Fédor, Blum.

FÉDOR, *aux Serfs*. Et vous, Serfs, à l'ouvrage. (*Tout le monde sort par le fond, Fédor et Blum les premiers, les deux Domestiques qui ont tout replacé dans la caisse les suivent, puis les Soldats et enfin les Serfs. Micaël reste seul en scène.*)

SCÈNE IV.

MICAEL, *puis* TOLAPP.

MICAEL, *réfléchissant*. Des prisonniers français se sont échappés de la citadelle... récompense à qui les livrera... et l'exil en Sibérie à qui leur prêterait secours... Pauvres soldats!...

TOLAPP, *rentrant furtivement par le fond*. C'est encore moi!

MICAEL. Toi!... et que veux-tu!

TOLAPP. Ma cage!

MICAEL. Quelle cage?

TOLAPP. Tu vas voir... je l'ai cachée là... (*Il prend une petite cage d'osier derrière les fagots.*) Voici la prison des petits oiseaux. J'ai posé mon filet dans le trou d'un saule, et je vais aller à la chasse aux bergeronnettes.

MICAEL.* Tu as toujours la passion de courir après les oiseaux?

TOLAPP. Heureusement! puisque ça m'empêche de compter les heures; du temps du prince Semoloff, notre bon maître, j'avais du cœur à l'ouvrage... mais depuis que c'est l'intendant du prince Faustus qui nous gouverne, le travail est trop dur et la journée trop longue... Et quand je poursuis les petits enfants ailés du bon Dieu... l'émotion me gagne et le temps passe vite.

MICAEL. Mais si les maîtres découvraient...

TOLAPP. Et que me fait maintenant la colère des seigneurs! mourir un peu plus tôt, un peu plus tard!

MICAEL. Voyons... garçon, ne te décourage pas ainsi. Et que dirais-tu si, comme moi, tu avais vécu dans un pays libre... si tu avais la France à regretter?

TOLAPP. Je ne puis comprendre tes regrets, car de tout ce que tu as rapporté de France, je ne vois que la marque d'un coup de sabre que tu as sur le front.

MICAEL. Si tu connaissais les circonstances qui ont accompagné cette blessure, tu verrais que le fardeau que je porte est plus lourd que le tien...

TOLAPP. Conte-moi donc ça. (*Il pose sa cage sur la table.*)

MICAEL. Quand les combats étaient finis, notre régiment qui avait suivi l'armée prussienne s'était arrêté en France, sur la frontière allemande... et ce fut dans un engagement qui eut lieu dans un village de la Lorraine que j'ai reçu cette blessure, et que je m'évanouis dans la mêlée... Quand je revins à moi, j'étais couché dans une ferme... et à mes côtés j'entendis le fermier qui disait à sa femme : C'est un Cosaque... c'est vrai... mais puisque le bon Dieu est partout, c'est tout d'même un enfant du bon Dieu...

TOLAPP. Puisqu'il n'y a qu'un Dieu pour tous...

MICAEL Notre pauvre fils Georges, disait l'homme, n'est pas revenu de Russie, lui qui était dans la grande armée.

TOLAPP. Leur fils n'était pas revenu?

MICAEL. S'il n'est pas mort, il a besoin de secours... Oui, disait la mère en pleurant, soignons ce pauvre homme, ça portera peut-être bonheur à notre enfant. Et leurs soins eurent bientôt rétabli mes forces et fermé ma blessure.

* Micaël, Tolapp.

TOLAPP. En voilà de bonnes gens!

MICAEL. Qui me firent partager leurs travaux en me donnant une place à leur foyer, et je vivais ainsi depuis un an, libre, heureux, aimé, quand une seconde tempête enveloppa la France. Je reçus bientôt l'ordre de rejoindre la nouvelle armée russe, sous peine d'être puni comme désesteur... Alors tout le monde fut bien triste dans la maison du fermier, la mère Jeanne m'embrassa comme une mère, le pasteur de l'église voisine me donna sa bénédiction... Le père Bernard, le fermier, me mit à la main une petite couronne d'immortelles que je devais déposer dans les champs de la Moscowa, en mémoire de son fils... Je partis... et quand le soir fut venu... quand mon regard cessa d'apercevoir de loin le toit hospitalier, je m'assis défaillant sur une pierre, et me mis à pleurer. (*Il s'assied avec douleur près de la table.*

TOLAPP, *s'essuyant les yeux.* Je pleure bien aussi... moi... qui n'ai jamais vu... le toit des bonnes gens.

MICAEL. Deux mois après j'avais franchi la distance... et quand j'arrivai dans ce district... la pauvre Matrena, la serve que j'avais prise pour femme avant mon départ, venait d'y mourir. Ce fut là mon premier deuil; la vue de mon fils, né pendant mon absence, consola mon pauvre cœur, mais pour lui aussi le joug du servage m'apparut d'autant plus terrible que le souvenir de la France était toujours présent à ma pensée : la France! où tous les hommes sont protégés par une même loi, qui n'a ni haine, ni préférence... où le pauvre comme le riche peut rêver la gloire de son fils, puisque le mérite y tient lieu de naissance; la France qui donne sa richesse, son amour, son sommeil à tous ses enfants... (*Se levant.*) La France enfin, Tolapp, c'est le paradis que nous voyons en songe, quand le doigt de Dieu nous endort. Et maintenant, tu sais la cause de mes regrets. Tu dois comprendre ce que je souffre, n'est-ce pas, quand je vois se dresser devant moi l'orgueil... et le bâton du maître.

TOLAPP. Oui... Tu es plus à plaindre que moi, et j'admire ton courage... (*Prenant sa cage.*) Je vais tâcher de prendre un merle!... à ce soir... (*Fausse sortie, revenant à Micaël.*) Nous causerons encore des bonnes gens.

MICAEL. Bien volontiers!... A ce soir, Tolapp. (*Tolapp sort.*)

SCÈNE V.

MICAEL, *seul.*

Ah! ça m'a soulagé de parler du bon temps... et pourtant, au lieu d'y songer sans cesse, je devrais chercher à l'oublier. Voyons... tâchons de chasser le souvenir de ce qui est perdu, et de nous rattacher à ce qui nous reste... Je vais faire ma ronde du côté du village, afin d'entrer encore voir mon fils, chez la vieille qui le garde. (*Il se dirige vers la sortie de gauche, s'arrêtant.*) Une dame dans la forêt... Elle s'est égarée peut-être... allons à sa rencontre... elle semble venir ici... Mon Dieu!... mais c'est une illusion, sans doute; non... je ne me trompe pas...

SCÈNE VI.

MICAEL, LA COMTESSE ALEXANDRA.

LA COMTESSE. Micaël!

MICAEL. Vous, madame la comtesse! dans la forêt!

LA COMTESSE. Je te cherchais!

MICAEL. Moi?

LA COMTESSE. Oui... j'ai bien des choses à te dire...

MICAEL, *lui donnant un escabeau.* De grâce... reposez-vous, madame, vous semblez être accablée...

LA COMTESSE, *s'asseyant.* * Merci...

MICAEL. Je vous écoute, madame.

LA COMTESSE. D'abord, dis-moi, toi que nous avons cru mort... Tu as donc été prisonnier en France?

MICAEL. Non, madame... j'y ai été heureux... trop heureux peut-être.

LA COMTESSE. Et tu ne me dis rien de ton petit Paul?

MICAEL. L'enfant pousse à merveille.

LA COMTESSE. Qui donc le garde?

MICAEL. Une ancienne de la colonie.

LA COMTESSE, *avec intention.* Et tu dois bien l'aimer, cet enfant.

MICAEL. Si je l'aime!... mais je me défie des sensations de mon cœur. L'amour paternel, madame la comtesse, est une richesse de sentiment qui n'est point faite pour les serfs... Mais... pardon... pardon... je parle au lieu de vous écouter.

LA COMTESSE. Depuis plus de deux ans que je ne t'ai vu, Micaël... j'ai bien souffert.

MICAEL. Oui, vous avez perdu le plus juste et le meilleur des époux.

LA COMTESSE. Hélas!... tu sais que son titre et ses grands biens...

MICAEL. Ne pouvaient échoir en héritage qu'à un fils... et que le sort vous a donné une fille... Eh bien! madame la comtesse, Dieu fait bien ce qu'il fait... Vous êtes riche assez pour votre fille, et si vous aviez eu un fils... Songez combien d'ambition et de haines se seraient amassées sur sa tête.

LA COMTESSE. Oui.

MICAEL. Ceux-là même qui ont tout gagné par son absence...

LA COMTESSE, *vivement et se levant.* Auraient voulu me le tuer, n'est-ce pas?

MICAEL, *à mi-voix.* Peut-être, madame.

LA COMTESSE. Ecoute donc le grand secret que je viens te confier. (*Elle regarde avec précaution.*)

MICAEL.** Un secret?

LA COMTESSE. Personne ne peut nous entendre?

MICAEL. Personne.

LA COMTESSE. Après la mort de mon mari, que j'avais suivi en Perse... j'entrepris de rentrer en Russie, accompagnée d'une serve dévouée, dont les bons soins me consolaient, mais une terrible tempête nous détourna de notre route et nous jeta sur les bords de la mer, près d'un village qu'on appelle le bourg des Falaises... Nous fûmes forcés de nous y établir, car la serve qui me suivait y donna bientôt le jour à une fille, tandis que les douleurs de l'enfantement m'annonçaient une prochaine délivrance. Tout à coup des espions, des hommes, qui nous avaient atteintes ou suivies, enveloppaient notre habitation, s'introduisaient jusque dans notre demeure, et l'honnête médecin qui me soignait me déclara avec mystère qu'on lui avait offert une fortune s'il voulait anéantir mon enfant dans le cas où ce serait un fils!

MICAEL. Infamie!

* Micaël, la comtesse.

** La comtesse, Micaël.

LA COMTESSE. Et la nuit même, déchirée par les angoisses de la terreur, je mis un enfant au monde.

MICAEL. Une fille!

LA COMTESSE. Non pas, un fils...

MICAEL. Un fils?...

LA COMTESSE, *à demi-voix.* Plus bas... mais personne ne l'a su, car la serve épouvantée, ou plutôt inspirée, coucha mon fils dans le berceau de sa fille... mit sa fille à mes côtés, et le médecin prudent se hâta de raconter que la comtesse Alexandra venait de donner le jour...

MICAEL. A une fille?...

LA COMTESSE. A une fille!...

MICAEL. Mais ces espions... ces hommes inconnus?...

LA COMTESSE. Disparurent abusés par ce mensonge, et Faustus Semoloff, un cousin de mon mari, s'autorisant de cette erreur publique, reparut à Arckangel et s'empara de l'héritage de mon fils.

MICAEL. Faustus Semoloff!... Mais ce fils, madame! où est-il?

LA COMTESSE. Je suis venue pour te le dire... La courageuse femme qui m'avait assistée fut bientôt rappelée sur les terres du nouveau seigneur dont elle devenait la serve... et pour n'éveiller aucun soupçon... elle emporta son prétendu fils, que la pauvreté seule pouvait cacher et protéger pendant mon absence. (*A demi-voix, après avoir regardé autour d'elle avec précaution.*) Et cette confidente dévouée, Micaël, se nommait Matrena!

MICAEL. Ma femme!...

LA COMTESSE. Ta femme!

MICAEL. Et l'enfant qu'elle m'a laissée?

LA COMTESSE. Est mon fils.

MICAEL. Paul n'est pas mon enfant!... (*Il s'assied accablé.*)

LA COMTESSE. Mais tu as une fille... un ange sur qui j'ai veillé.

MICAEL, *avec désespoir.* Paul... n'est pas mon fils? Mais pour quoi, madame la comtesse, avoir jusqu'à ce jour prolongé cette erreur?

LA COMTESSE. Parce que tant de périls et de douleurs m'avaient brisée, qu'il a fallu trois mois de séjour forcé au bourg des Falaises pour rétablir ma santé défaillante, et quand j'eus la douleur d'y apprendre la mort inattendue de la pauvre Matrena... je me mis en route quoique bien faible encore; il n'y a que deux jours, qu'arrivant à Semowa, j'ai appris ta résurrection!... Alors, accompagnée d'un cocher Finlandais que j'ai laissé près d'ici dans une auberge... je me suis hasardée seule pour te trouver dans cette forêt et te faire cette confidence en te demandant ton aide. (*Elle l'interroge du regard avec inquiétude.*)

MICAEL, *se levant après un silence.* A vous corps et âme, madame.

LA COMTESSE. Merci! merci!... Mais il faut de la prudence, je crains que Faustus n'ait soupçon de la vérité.

MICAEL. Vous le craignez!

LA COMTESSE. Je sais qu'il voyage déguisé dans les alentours; il faut donc éviter qu'on puisse nous apercevoir ensemble et je vais te quitter... mais cette nuit, tu prendras secrètement mon fils... ton fils... notre enfant... sur tes bras, tu viendras me joindre derrière la colonie, où je t'attendrai dans une voiture; toutes mes mesures sont prises, et nous irons sans nous arrêter jusqu'à Saint-Pétersbourg nous mettre tous trois sous la protection de l'empereur et tout lui révéler.

MICAEL. Alors, madame, les infâmes seront confondus, Paul... le jeune prince, sera proclamé...

LA COMTESSE. Et moi, sa mère et sa tutrice, j'aurai le droit de t'affranchir.

MICAEL. M'affranchir?...

LA COMTESSE. Je te le jure... mais ta fille tu me laisseras la voir...

MICAEL, *pensif*. Ma fille...

LA COMTESSE. Car Dieu m'a fait sa mère par l'amour que j'ai pour elle.

MICAEL. Votre affection sera mon orgueil, madame...

LA COMTESSE. Et jusqu'à la nuit, jusqu'à l'heure de notre rendez-vous veille bien sur notre enfant.

MICAEL. Je sais quel est le dépôt sacré qu'une mère me confie.

LA COMTESSE. Cette nuit!...

MICAEL, *s'inclinant*. Cette nuit, madame. (*La comtesse sort par la gauche. Micaël la suit du regard.*)

SCÈNE VII

MICAEL, *seul*.

Paul n'est pas mon fils!... lui qui me tendait ses petit bras, sitôt que j'entrais dans la cabane... Cher enfant!... tu n'en auras pas même le souvenir... mais je ne l'oublierai jamais, moi... Et le ciel m'a donné une fille... (*S'asseyant pensif.*) Une fille!... douce créature qui a besoin de tant de protection et d'amour... (*Il songe. On entend deux coups de feu dans la forêt. Se levant.*) Qu'est-ce cela?...

SCÈNE VIII

MICAEL, GEORGES. *Georges entrant effaré par la droite, il porte un uniforme délabré de sergent dans l'armée française.*

MICAEL, *à part en l'apercevant*. Un soldat français!

GEORGES. J'échappe encore. (*Apercevant Micaël qui fait un pas vers lui.*) Quelqu'un!... (*Avec vivacité*). N'appelle pas! Je suis ton prisonnier... je le sais; et par pitié donne-moi une arme!...

MICAEL. Une arme?

GEORGES. Que je puisse me tuer pour échapper aux soldats qui mutilent avant de faire mourir. Je vaux deux cents roubles pour toi, que je sois mort ou vif : mort, tu me vendras facilement, vivant je me défendrais.

MICAEL. Et si je tentais de te sauver?

GEORGES. Tu railles?

MICAEL. J'ai fait la guerre en France, et des Français m'ont secouru.

GEORGES. Toi!... Ce n'est pas un piége?

MICAEL. Un piége? Tiens! connais-tu cette médaille? Je l'ai rapportée de France. (*Il lui montre une médaille qu'il porte dans son vêtement pendue à un cordon*).

GEORGES, *la regardant*. La médaille de Saint-Bruno! Tu as donc été au village de Saint-Bruno?

MICAEL. C'est là qu'un Français m'a sauvé la vie...

GEORGES. Quand donc as-tu quitté Saint-Bruno?

MICAEL. Il y a cinq mois.

GEORGES. Sais-tu... si le père et la mère Bernard vivaient encore?

MICAEL. Oui... ils vivaient encore et pleuraient leur enfant tous les jours.

GEORGES, *tombant avec douleur sur l'escabeau*. Oh!... je ne les reverrai jamais!... (*Il pleure.*)

MICAEL, *à part*. Lui!... leur fils?... (*Avec âme.*) Oh!... tu les reverras... je le veux... je leur dois leur enfant... car c'est ton père qui s'est dévoué pour moi... et je te laisserais!... Allons, allons, délivre-toi d'abord de cet uniforme accusateur (*Georges ôte sa capote*) et revêts ma touloupe (*il lui donne la sienne, Georges l'endosse, il lui donne son bonnet*), puis ce bonnet... (*Georges le met*) et ne perdons pas une minute. (*On entend une fusillade au dehors.*) On vous poursuit encore... Il faut préparer ta fuite.

GEORGES. Mais je suis perdu dans cette forêt cernée.

MICAEL. Je vais t'indiquer ta route... écoute-moi bien attentivement.

GEORGES. Parle!

MICAEL. Vêtu comme tu l'es maintenant, tu n'as rien à redouter des soldats russes; les bûcherons seuls sont à craindre... Mais dans une heure au plus tard, tu entendras sonner la cloche de l'église qui les appellera tous au salut du côté du village... alors tu prendras ce chemin. (*Il désigne à gauche.*)

GEORGES. Bien.

MICAEL. Après une demi-heure de marche, tu trouveras un sentier qu'il ne faut pas confondre avec les autres... car lui seul peut te conduire à la ville, où tu te perdras facilement dans la foule, et pour que tu le reconnaisses (*Cherchant.*) Pour que tu le reconnaisses... Ah!... je vais attacher ma ceinture au premier arbre qui le borde.

GEORGES. La cloche sera le signal?

MICAEL. Oui... ne l'oublie pas, et si d'ici là quelques bûcherons venaient ici, tu te glisserais derrière ces fagots... où nous allons cacher ton uniforme. (*Ils rangent quelques fagots, Micaël jette l'uniforme derrière le bois.*) Maintenant ayons hâte, je vais marquer le premier arbre du sentier. (*Il gagne la sortie.*)

GEORGES. Dis-moi...

MICAEL. Que veux-tu?...

GEORGES, *l'arrêtant*. Et qui te récompensera?

MICAEL. Toi!... en disant au père Bernard et à la mère Jeanne que c'est Micaël, qui leur renvoie leur enfant?

GEORGES. Micaël!

MICAEL. Et ne remercie que ton pays! il y a deux ans, je t'aurais vendu peut-être, mais quand on a respiré dans un pays libre, on devient meilleur... embrasse-moi, Georges.

GEORGES, *l'embrassant*. Mon frère!

MICAEL. Allons, il faut songer à ton salut... adieu... Et bon courage. (*Il sort en courant par la gauche*).

SCÈNE IX

GEORGES, *seul*.

C'est un de ces Russes qui me sauve... parce que mon père lui a appris les devoirs de l'humanité... Voyons, rappelons-nous bien.. voici la route que je dois prendre, et ensuite le sentier que m'indiquera sa ceinture.... C'est bien cela. (*Allant regarder dans le fond.*) Jusqu'au départ, soyons bien attentif... quel est cet homme misérable qui s'approche? — Un ennemi, bien sûr... vite... cachons-nous, jusqu'à ce qu'il soit passé. (*Il passe derrière les fagots. Le mendiant entre en examinant sur les chemins.*)

SCÈNE X.

FAUSTUS, GEORGES, *caché*.

FAUSTUS, *très-misérablement vêtu*. Fédor tarde bien. Je lui ai pourtant donné rendez-vous à ce carrefour de la forêt. (*Tirant de sa poche une montre superbe, à laquelle sont suspendus des joyaux.*) Il est en retard d'un quart d'heure. Attendons. (*Il s'assied au fond, près du feu, tournant le dos au public.*)

SCÈNE XI.

FAUSTUS, FÉDOR, GEORGES, *caché*.

FÉDOR, *paraît et entre pensif par la droite.* Je me perds en conjectures, et si je n'avais pas bien reconnu l'écriture du prince... je douterais. (*Apercevant l'homme qui se chauffe au feu.*) Quel est cet insolent qui reste assis devant le maître? (*Lui frappant l'épaule de sa canne.*) Debout, Monjick... salue et sors!

FAUSTUS, *se levant et s'inclinant en se découvrant*. Pardonnez... mon doux maître.

FÉDOR. Allons !allons!... sors!... (*Le reconnaissant.*) Vous!

FAUSTUS. Silence!

FÉDOR. Sous ces haillons!

FAUSTUS. Sommes-nous bien seuls, Fédor?

FÉDOR, *regardant autour de lui*. Parfaitement.

FAUSTUS, *allant regarder à droite*. Tu en es sûr?

FÉDOR. Tous les serfs sont occupés à chercher des prisonniers français qui se sont évadés...

FAUSTUS. En effet... tu as raison... (*il s'assied sur l'escabeau à droite de la table*) pour appeler encore à notre aide la hardiesse et la chance, examinons par quel concours de circonstances nous sommes arrivés à la richesse... Rappelons-nous d'abord qu'il a fallu que la mort prématurée du prince Constantin laissât un riche héritage à un sien cousin qui n'était jamais sorti de la Finlande.

FÉDOR, *s'asseyant en face de lui*. Puis... que ce Faustus Sénoloff, dont vous étiez le secrétaire... et dont j'étais le valet de chambre, se noyât par son imprudence, en revenant avec nous en Russie.

FAUSTUS. Et qu'alors, moi qui possédais ses papiers et toute sa correspondance, j'eusse la superbe audace de me présenter à sa place.

FÉDOR. Et moi, celle de passer à votre service, comme si j'étais resté au sien...

FAUSTUS. Nous avons hardiment joué gros jeu!... Fédor.

FÉDOR. Et nous avons gagné la partie...

FAUSTUS. Tu crois?

FÉDOR. Puisque la comtesse Alexandra a mis une fille au monde.

FAUSTUS, *lui donnant une lettre*. Hâte-toi de parcourir cette lette, que le médecin du bourg des Falaises adressait à la Comtesse, et que j'ai fait intercepter... (*Il se promène agité pendant que Fédor lit la lettre.*)

FÉDOR. Le médecin du bourg des Falaises!... (*Après avoir lu des yeux.*) Se peut-il!...

*FAUSTUS, *lui reprenant la lettre*. Tu comprends qu'il faut que ce prétendu fils de Micaël...

FÉDOR. Parbleu! je le crois bien, et jamais trop tôt.

* Faustus, Fédor.

FAUSTUS. Tu connais ce Micaël!

FÉDOR. C'est un des gardiens de la forêt.

FAUSTUS. Tu sais où est son enfant?

FÉDOR. Quelque part dans la colonie, près des vieilles qui gardent les enfants des serfs.

FAUSTUS. Moi, j'en sais plus long que toi, et je puis t'indiquer son asile... la première hutte, en bas de la côte, une cabanette isolée, la seule couverte en chaume.

FÉDOR. Je la vois d'ici. Je la connais.

FAUSTUS. Je puis ajouter aussi qu'à l'heure du salut la vieille laisse toujours l'enfant seul.

FÉDOR. Qui vous a dit tout cela?

FAUSTUS. La vieille elle-même, grâce à ces vêtements déguenillés... j'ai pu, moi, que mes serfs ne connaissent pas encore, la questionner et m'assurer de tout cela.

FÉDOR. J'en prends note.

FAUSTUS. Mais songe bien qu'il faut que la mort de cet enfant puisse être attribuée à un accident.

FÉDOR. Naturellement; vous savez qu'il arrive bien fréquemment que des feux oubliés incendient ces cabanettes bâties de planches et de paille.

FAUSTUS. Tu m'as très-bien compris. Moi, je vais me hâter de m'éloigner d'ici.

FÉDOR. J'allais vous le conseiller.

FAUSTUS. Accompagne-moi par ce chemin, et nous causerons en route des mesures que tu devras prendre.

FÉDOR. Comme vous le disiez tout à l'heure, il était temps.

FAUSTUS. Allons, viens!.. (*Ils sortent en causant. Georges sort furtivement et lentement de se cachette.*)

SCÈNE XII

GEORGES, *seul.*

Plus personne. (*Regardant avec précaution.*) Ils s'éloignent. Ah! respirons... (*Otant son bonnet.*) J'étouffe! et tâchons de rassembler mes souvenirs... quels étaient ces hommes? que parlaient-ils de partie gagnée... de chance et de richesse?... Que contenait cette lettre qu'ils ont lue seulement des yeux?...Quel besoin ont-ils de l'extermination de l'enfant d'un serf? de Micaël... de mon sauveur... Oh! je ne puis le deviner... mais je sais leurs projets... Oui, à travers des phrases qui arrivaient confusément jusqu'à moi, j'ai bien entendu ces mots : « Il faut que l'enfant de Micaël cesse de vivre aujourd'hui même... la vieille qui le garde le laissera seul à l'heure du salut dans une cabanette au pied de la côte, la seule couverte en chaume.... » Je ne peux pas laisser égorger l'enfant de mon libérateur!... si je courais sur les pas de Micaël par la route qu'il m'a indiquée?... mais si les bûcherons qui sont encore par les chemins me saisissent... que faire? (*On entend la cloche de l'église*). La cloche! déjà... La cloche, double signal! il faut que je me hâte à la maison de la vieille. que je tâche d'en arracher le pauvre enfant... Mais qu'en ferai-je moi poursuivi!... moi, Français!... Je ne sais... mais si je l'abandonne... il est mort... Partons. (*S'arrêtant au fond.*) Un bûcheron qui vient (*Désignant la droite.*) par ici!... Allons Micaël n'a pas hésité... n'hésitons pas. (*Il s'échappe. Tolapp parait par le fond avec sa cage qui contient des oiseaux*).

SCÈNE XIII

TOLAPP, *tenant sa cage à la main.*

J'en ai pris trois... trois amours... (*se frottant l'épaule.*) et si je n'étais pas tombé de mon arbre, je prenais un merle... (*Aux oiseaux*) Là, là, doucement, mes belles, on dirait que vous vous disputez là-dedans, vous qui vous caressiez en plein air. (*Posant la cage sur la table*). Après ça, vous me direz que la captivité change le caractère (*Avec hauteur.*) et vous êtes mes esclaves... je suis le maître à mon tour, ce qui me console d'être à toute heure le serviteur des autres. Je sais bien que l'esclavage vous désole, mais que voulez-vous?... c'est la condition de mon autocratie... Pour que je sois le maître, il faut bien que vous soyez mes esclaves.... (*Avec un sentiment de regret.*) et cependant, ça me fait de la peine quand je vous vois tristes et abattus contre les barreaux de la prison. Mais j'y songe, je puis vous donner une idée de ma toute-puissance... car enfin j'en ai le pouvoir... et je puis, si je le veux... décréter votre émancipation... (*Avec résolution.*) Oui... Tolapp, votre gracieux seigneur veut vous donner une preuve de sa clémence... Rassurez-vous donc, petits oiseaux... Je ne veux pas vous désoler plus longtemps, moi qui sais comme vous, que mieux vaut une branche de saule dans la plaine, qu'une cage d'or dans la maison. (*Il prend sa cage, allant la poser à terre sur la route à gauche*). Voici l'instant!... la porte va s'ouvrir... et mon cœur bat presque aussi vite que vos petits cœurs. (*Posant la cage à terre*). Attention! je vais vous affranchir... le maître va vous faire libres... lui qui ne peut pas le devenir... (*Levant la porte.*) Allez!... partez! elles ne se font pas prier... comme elles filent. comme elles montent! On dirait qu'elles vont se cacher dans les nuages... montez, petits oiseaux... et dites à vos compagnes de chanter la louange du bon Dieu! qui vous donne à tous le même ciel et la même pâture... (*Ramassant sa cage.*) Maintenant hâtons-nous de nous rendre à l'église... C'est égal! je suis bien fâché d'avoir manqué le merle... Il reviendra peut-être demain. (*Se dirigeant vers le fond pour sortir, s'arrêtant*). Diable! voilà bien du monde... et le Fédor qui vient aussi... lui qui me croit à la prière, filons!... filons... J'affranchis les oiseaux, c'est vrai... mais je ne suis pas exempt des coups de bâton. (*Il s'échappe par la droite, Blum et Fédor entrent rapidement par le fond, suivis de Morgath, Kaciane et de soldats.*)

SCÈNE XIV

FÉDOR, BLUM, MORGATCH, KACIANE, SOLDATS.

FÉDOR. Il doit être ici!

BLUM. Il n'y a personne. (*Kaciane va voir derrière les fagots.*)

FÉDOR. En effet!... Vous me disiez donc, capitaine...

BLUM, *désignant Morgatch et Kaciane.* Que ces deux serfs attardés ont cru rencontrer Micaël près de la colonie, mais ils ont bientôt découvert que c'était un étranger qui était affublé des vêtements de ce serf.

MORGATCH. Et un Français déguisé, bien sûr, car il s'est aussitôt jeté dans les broussailles, où nous n'avons pu le rejoindre.

KACIANE, *qui vient de trouver la capote de Georges derrière les fagots.* Et d'ailleurs, voici son uniforme. (*Mouvement de tout le monde*).

BLUM, *examinant l'uniforme.* Plus de doute! (*Il jette l'uniforme sur un escabeau.*)

FÉDOR. Il faut chercher et saisir le traître. (*S'arrêtant près de la gauche.*) Mais attendez! Il vient ici... Je le vois... et il n'a plus sa touloupe.

BLUM. Faites silence! (*Tout le monde reste immobile*).

FÉDOR, *à part.* Je craignais qu'il ne fût au village,

SCÈNE XV

LES PRÉCÉDENTS, MICAEL. (*Il entre pensif, s'arrêtant surpris*).

MICAEL. Pourquoi tout ce monde ici? *

BLUM, *lui montrant l'uniforme.* Connais-tu cet uniforme?

MICAEL, *à part.* Malheur!

BLUM. Qu'as-tu fait de ta touloupe? (*Silence de Micaël*). Tu en as vêtu le Français qui vient de nous échapper.

MICAEL, *à part.* Il est donc sauvé!

BLUM. Eh bien?

MICAEL. Capitaine... le père de ce soldat m'avait sauvé en France .. et vous savez que la guerre, qui a ses représailles, a aussi ses lois de reconnaissance!

BLUM. Ainsi, tu avoues que c'est toi?

MICAEL. Avouer!... les preuves ne me condamnent-elles pas?..

BLUM. Suis-nous donc en prison.

MICAEL. Déjà.

FÉDOR. En attendant la Sibérie.

MICAEL. Mon Dieu!... (*A part.*) Et la comtesse!

BLUM. Partons!... (*Il remonte la scène.*)

MICAEL, *très ému.* Capitaine... je ne demanderai qu'une grâce.

BLUM. Laquelle?

MICAEL. Celle de confier... mon enfant... Paul... mon fils..., à mon seul ami... à Tolapp le serf.

FÉDOR. Inutile!

MICAEL, *à Blum.* Et de lui adresser la dernière recommandation d'un père qui ne reverra jamais son fils.

BLUM. Hâte-toi donc.

MICAEL, *à part.* Il pourra le conduire à la comtesse. (*Haut, en cherchant autour de lui.*) Mais... je ne le vois pas... il n'est pas ici... et je vous en supplie, capitaine. (*Apercevant Tolapp, qui entre effaré par la droite.*) Dieu soit béni! Tolapp!... écoute!...

SCÈNE XVI

LES PRÉCÉDENTS, TOLAPP.

TOLAPP, *très-agité.* Dis-moi d'abord... toi!... Paul est ici, n'est-ce pas?

MICAEL. Non... pourquoi?

TOLAPP. Malheureux!... parce que la cabane de la vieille vient d'être envahie par les flammes.

MICAEL. Paul!... mon enfant!.. (*Il veut courir et trouve des soldats devant la porte.*)

* Blum, Micaël, Fédor, Morgatch, Kaciane, et Soldats dans le fond.

FÉDOR, *qui lui barre le passage.* Vous voyez bien, capitaine, que c'est un piége pour vous échapper. (*Les Soldats barrent la porte.*)

TOLAPP. Un piége!... mais de la route on peut voir la fumée.

BLUM. Soldats, gardez le coupable... Et vous, serfs, courez donc prêter secours.

TOLAPP. Venez! (*Il sort en courant avec Morgatch et Kaciane. Les Soldats empêchent Micaël qui veut les suivre et luttent contre lui, qu'ils ramènent violemment sur le devant de la scène.*)

SCÈNE XVII

LES MÊMES, *moins* TOLAPP, MORGATCH *et* KACIANE.

MICAEL, *après avoir vainement lutté pour sortir.* Et je ne puis aller mourir... ou le sauver... Paul... étouffé!... peut-être, tandis que la comtesse... (*Avec désespoir.*) Mon Dieu! qu'ai-je fait... du dépôt qu'elle m'avait confié!... Oh! père Bernard... saurez-vous jamais ce que me coûte la vie de votre fils? (*S'égarant de plus en plus.*) Pour lui, moi!... j'ai trahi la foi jurée! je suis un dépositaire infidèle!... je n'ai plus le droit de regarder le jour qui m'éclaire... Soldats (*dans un complet délire*) j'ai mérité la mort! qu'on me tue! qu'on m'ensevelisse dans les entrailles de la terre! qu'on m'arrache de ce pays de servitude... frappez donc! vous... voulez m'épargner... mais Dieu... ne le veut pas... Non! son tonnerre me foudroie, mon sang!... mon sang m'étouffe!... et je... je me sens mourir! (*Il tombe évanoui dans les bras des Soldats.*)

FIN DU PROLOGUE.

ACTE PREMIER

Un salon chez la comtesse Alexandra à Arkangel. Grande porte au fond, fenêtre latérale à gauche au second plan; porte latérale à droite au premier plan, et au deuxième plan, en face la fenêtre, une cheminée ornée, avec grande glace. Siéges, une table au premier plan à gauche.

—

SCÈNE PREMIÈRE

SOPHIE, *seule. — Au lever du rideau, elle regarde par la fenêtre.*

Oui, c'était bien le drowski du prince Faustus qui vient de passer... J'ai reconnu Tolapp sur le siége. (*S'éloignant de la fenêtre.*) L'intendant Fédor va sans doute encore pénétrer mystérieusement ici pour me questionner... pourvu qu'il me rapporte le portrait de mademoiselle Paula...

SCÈNE II

SOPHIE, SCHMITH, *puis* LA COMTESSE *et* PAULA.

SCHMITH, *entrant par le fond.* Eh bien, Sophie, tu ne sais donc pas que la voiture de madame la comtesse vient d'entrer dans la cour?

SOPHIE. Déjà!

SCHMITH. J'entends ces dames. (*Il entre dans l'appartement par la porte latérale à droite. La Comtesse et Paula entrent par le fond. Sophie s'empresse auprès de la Comtesse pour la débarrasser de son manteau.*)

LA COMTESSE, *à Sophie.* Occupez-vous d'abord de ma fille... (*Sophie va recevoir le manteau de velours et fourrure que quitte Paula, qui est allée se placer devant la glace pour arranger sa coiffure, puis elle va prendre celui de la Comtesse, et sort en emportant les manteaux.*)

SCÈNE III

LA COMTESSE, PAULA.

PAULA, *toujours devant la glace.* As-tu remarqué, mère, que le prince Faustus était encore à l'église?

LA COMTESSE, *s'asseyant près de la table.** Oui, je l'ai vu. Eh bien, mon enfant! comment te trouves-tu?

PAULA, *se mirant toujours.* Je t'avouerai d'abord, mère, que je suis pleine d'indulgence pour moi.

LA COMTESSE. Alors... tu te trouves jolie?

PAULA, *de même.* Mais oui.

LA COMTESSE. Et tu ne me demandes pas si je suis de ton avis?

PAULA, *se rapprochant de la Comtesse.* C'est inutile.

LA COMTESSE. Pourquoi?

PAULA. Parce qu'on dit qu'il n'y aurait pas de filles laides, si l'on pouvait les regarder toutes avec les yeux de leurs mères.

LA COMTESSE. Eh bien, je ne serais pas ta mère, moi... Je puis t'affirmer que... surtout après t'avoir vue si souffrante, si pâle, il y a peu de jours encore...

* La Comtesse, Paula.

PAULA, *s'asseyant sur un tabouret près de sa mère.* J'ai donc été bien malade?

LA COMTESSE. Dangereusement, mon enfant.

PAULA. J'espère que rien n'en réveillera le souvenir, car je ne me suis jamais sentie mieux portante qu'aujourd'hui.

LA COMTESSE. Ainsi, mon enfant, tu n'as plus besoin des soins et des secours du docteur Richard?

PAULA. De ses secours, non... mais la prudence exige que je prenne encore pendant quelque temps ses conseils.

LA COMTESSE. Tu crois?

PAULA. Oui.

LA COMTESSE. J'admire vraiment ta sagesse... Mais tu ne songes pas que, depuis deux mois, ce jeune homme, qui passait par notre ville, nous a sacrifié son temps, sa liberté?

PAULA, *avec inquiétude.* Est-ce que tu l'as entendu s'en plaindre?

LA COMTESSE. Assurément, non. Mais monsieur Bernard, son père, doit se préparer à partir.

PAULA. Il ne faut pas lui dire encore que je suis tout à fait guérie... (*Se levant pensive.*) Et qui sait? après leur départ, le mal pourrait reparaître...

SCHMITH, *qui vient d'entrer.* Le déjeuner de Sa Noblesse est servi.

PAULA, *à la Comtesse.* Viens... Nous trouverons peut-être un moyen pour prolonger leur séjour. (*Elle gagne la porte de droite.*)

LA COMTESSE, *à part, avec réflexion.* Dois-je craindre ou bénir cet amour que je vois naître? (*Elle songe.*)

PAULA, *revenant près de la Comtesse.* Eh bien, mère?...

LA COMTESSE. Me voici, mon enfant!... (*Elle prend affectueusement Paula par la main, et sort avec elle par la droite.*)

SCÈNE IV

SCHMITH, *puis* BERNARD.

SCHMITH. C'est plaisir de voir madame la comtesse heureuse... elle qui était si inquiète et si triste pendant la maladie de sa fille. (*Entendant entrer.*) Quelqu'un?... Monsieur Bernard!

BERNARD, *qui est entré par la porte du fond.* Madame la comtesse et mademoiselle Paula sont-elles bien ce matin?

SCHMITH. Très-bien... Ces dames viennent de se mettre à table. Faut-il vous annoncer?

BERNARD. Non, ne les dérangez pas... Mon fils n'est pas encore venu?

SCHMITH. Pas encore. (*Regardant par la fenêtre.*) Mais le voici!... Il traverse le jardin.

BERNARD. Tant mieux... J'ai à lui parler.

SCHMITH. Je vais l'envoyer auprès de vous.

BERNARD. S'il vous plaît. (*Schmith sort par le fond.*)

SCÈNE V

BERNARD, *seul; puis* RICHARD.

BERNARD, *s'asseyant.* Nous voilà enfin à la veille de quitter la Russie après deux années d'inutiles recherches et de cruelles souffrances! Pauvre Micaël, qui a été condamné à cause de moi, si tu es au ciel à cette heure, tu sais que j'ai fait mon devoir...

RICHARD, *entrant.* Vous m'attendez, mon père?

BERNARD, *se levant.* Oui, Richard, pour t'apprendre que je viens de recevoir nos passeports du consul.

RICHARD, *à part.* Déjà!

BERNARD, *allant vers la porte de droite.* Il faut donc, sans retard, faire nos adieux à madame la comtesse et à mademoiselle Paula; et demain, Richard, en route pour la France.

RICHARD, *avec contrainte.* Demain, mon père?

BERNARD, *s'arrêtant.* Qui pourrait nous retenir?

RICHARD, *avec effort.* Rien... Vous avez raison...

BERNARD, *l'observant.* Mais qu'as-tu donc?... Cette émotion!...

RICHARD. Oh! je voudrais en vain vous cacher ma douleur!...

BERNARD. Malheureux enfant!...

RICHARD. Bien malheureux, mon père!... et coupable peut-être...

BERNARD. Oui, coupable!... car cet amour que j'ai deviné depuis longtemps déjà... devient presque un crime si tu ne peux l'étouffer... Oses-tu bien aimer mademoiselle Paula! riche, noble, toi qui, dans ce pays, passes pour le fils d'un soldat français, et qui es celui d'un serf russe... (*baissant la voix*) toi que l'on voudrait y faire esclave, si l'on y connaissait ton origine.

RICHARD. Oh! je le sais... Je suis la victime d'une passion que rien n'excuse. Depuis deux mois, je combats... je résiste... mais je lutte avec d'autant plus de faiblesse que mademoiselle Paula a daigné sourire à mon amour... et c'est pour cela que le signal du départ m'arrache un cri de l'âme... que je vous prie, en grâce... (*s'appuyant en pleurant sur l'épaule de Bernard*) de me pardonner, mon père.

BERNARD. Pauvre Richard!

RICHARD, *se redressant avec courage.* Mais si je suis coupable, je ne veux pas être criminel... Je n'oublie pas que vous m'avez pris, pauvre enfant, dans ce pays de servage, pour me donner affection et famille... qu'après m'avoir fait homme, par l'exemple et par l'éducation, vous m'avez un jour révélé ma naissance pour exciter en moi le désir d'aller embrasser et consoler mon pauvre père... le serf du Nord.

BERNARD, *avec épouvante.* Plus bas, enfant!

RICHARD, *baissant la voix.* Qu'alors vous avez, à l'heure du repos, accepté la fatigue du pénible voyage que nous venons d'accomplir. Je me souviens que, lorsqu'il y a quinze mois, nous avons eu la douleur d'apprendre, en Russie, l'inique déportation de mon père, vous m'avez communiqué votre courage en m'entraînant jusqu'au fond de la Sibérie pour y chercher sa trace... et qu'enfin, devinant sa mort, dans l'insuccès constant de nos efforts, vous avez donné de saintes larmes à la mémoire de ce père que je n'ai jamais connu.

BERNARD. Je lui devais tout cela, mon enfant!

RICHARD. En vous en souvenant, mon père, vous m'avez enseigné la reconnaissance et le devoir... Je suis prêt à partir. (*Il va sonner à *la cheminée. — A Sophie qui vient d'entrer.*) Voyez, je vous prie, si madame la comtesse peut nous recevoir.

SOPHIE. Madame la comtesse m'a chargée de vous faire entrer sitôt que vous seriez arrivés.

RICHARD, *à Bernard.* Allons, mon père, rendons-nous auprès de madame la comtesse et de mademoise le pour leur faire nos éternels adieux. (*Il va à la porte droite.*)

BERNARD, *à part.* Ayez pitié de lui, mon Dieu!...

RICHARD, *après avoir essuyé ses yeux, avec résignation.* Venez!... (*Ils entrent à droite.*)

SCÈNE VI

SOPHIE, *seul, puis* TOLAPP.

SOPHIE, *après les avoir regardé sortir.* Monsieur Richard a du chagrin... est-ce qu'il aurait découvert l'amour du prince Faustus pour mademoiselle Paula?... (*Avec impatience.*) Mais Fédor ne vient pas! et je tremble toujours que la comtesse ne s'aperçoive que le portrait de sa fille n'est plus à sa place... (*On frappe au fond.*) C'est lui sans doute... (*Elle ouvre.*) Tolapp!...

TOLAPP, *sur la porte* On peut entrer?...

SOPHIE. Certainement... Tu viens de la part du prince?

TOLAPP, *vivement.* Non pas!... chut! Après m'avoir fait arrêter son drowski au coin de la rue... le prince a pris avec le Fédor le chemin de la promenade... Et moi je suis accouru secrètement ici pour présenter mes devoirs à la comtesse.

SOPHIE. Ces dames viennent de se mettre à table.

TOLAPP. Je n'ai pas de chance.

SOPHIE. Si tu veux les attendre.

TOLAPP. Et, si pendant que j'attendrai, le maître revient pour monter en voiture, et ne me trouve pas sur mon siége...

SOPHIE. Tu sais qu'il n'est pas patient.

TOLAPP, *prenant son parti.* Après tout!... quelques coups de canne de plus ou de moins... ne me rendront ni plus riche ni plus pauvre... d'ailleurs, j'ai cousu sous mon habit deux peaux de mouton qui sont toujours là pour les partager avec moi... Mais... si tu allais dire tout bas à madame la comtesse que je suis ici... elle est si bonne... elle se dérangerait peut-être...

SOPHIE. Je veux bien le lui dire... (*Elle se dirige à droite.*)

TOLAPP, *la suivant.* Va... ma fille! va... et au petit bonheur. (*Sophie sort.*)

SCÈNE VII

TOLAPP, *puis* LA COMTESSE.

TOLAPP, *revenant en scène.* Au petit bonheur!... quoiqu'il arrive... Je ne m'en irai pas d'ici sans lui avoir fait ma confidence... Ah! prince... mon maître, vous avez décidé que mademoiselle Paula serait votre femme.. Et quand hier, Fedor, votre âme damnée, vous faisait pressentir l'opposition de la comtesse Alexandra, qui vous déteste, vous avez répondu que vous sauriez bien la surprendre d'abord et la contraindre ensuite... La contraindre... j'en doute... mais la surprendre... je vous jure bien que cela n'arrivera pas... puisque je suis là pour la prévenir... (*La voyant entrer.*) Voici la comtesse! allons vite au fait...

LA COMTESSE, *entrant par la droite.* Sophie vient de m'avertir, mon ami...

TOLAPP. Et vous avez la bonté de venir... merci, madame... J'espère que la santé de mademoiselle Paula?...

LA COMTESSE. Complétement rétablie...

TOLAPP. Puisqu'il en est ainsi, madame, nous assisterons bientôt sans doute à son mariage avec... (*Il s'interrompt.*)

LA COMTESSE. Avec qui donc?

TOLAPP. Le prince Faustus qui en est si fort amoureux...

LA COMTESSE. Amoureux de ma fille?

TOLAPP. Vous l'ignoriez, madame?...

LA COMTESSE. Je le craignais, mais comment le saurais-tu, toi, s'il en était ainsi?

TOLAPP. Écoutez-moi donc, madame, car c'est pour vous confier tout ce que je sais que je me suis permis d'entrer chez vous.

LA COMTESSE *, *passant devant lui, et allant s'asseoir.* Voyons, parle!... parle!...

TOLAPP. Quand je conduis le traîneau qui glisse sans bruit sur la neige... j'entends la conversation du prince et de Fédor, qui sont assis devant moi, et comme hier ils nommaient souvent mademoiselle Paula, j'ai redoublé d'attention...

LA COMTESSE, *très-agitée.* Et le prince disait?...

TOLAPP. Qu'avant quinze jours elle serait sa femme. .

LA COMTESSE, *de même.* Il disait cela!

TOLAPP. Et quand Fédor lui parlait de difficultés... d'obstacles imprévus...

LA COMTESSE, *de même.* Que répondait le prince?

TOLAPP. Qu'il les briserait tous... même au prix de sa vie... Et comme j'ai pensé que vous n'étiez peut-être pas disposée à marier mademoiselle Paula comme ça... tout à coup à un homme qui a deux fois son âge... j'ai profité de l'occasion pour venir au plus tôt vous faire part de ses intentions.

LA COMTESSE. Tu ne peux pas, Tolapp... mesurer toute l'étendue du service que tu viens de me rendre! et je te jure que Paula ne sera jamais l'épouse de Faustus.

TOLAPP. Ce que vous me dites là... madame, me délivre, comme qui dirait d'un cauchemar qui m'étouffait... Je sais que pour avoir quitté mon poste... je vais recevoir une bonne correction... Eh bien!... ces coups-là, je les accepte avec délices... avec reconnaissance... et cependant... je vais me dépêcher de regagner ma voiture dans l'espoir de les éviter. (*Il monte à la porte.*)

LA COMTESSE. Mais que te donnerai-je en échange de ton affection pour nous?

TOLAPP, *revenant près d'elle.* Je suis payé... moi!... je suis payé... puisque je sais que mademoiselle Paula n'aura pas de chagrin, et que c'est le prince... mon doux maître, qui aura de la peine!... Que le bon Dieu... madame la comtesse... vous comble de sa grâce! (*Il s'échappe en courant.*)

SCÈNE VIII

LA COMTESSE, *seule, se levant, et avec animation.*

Faustus, amoureux de Paula... il a décidé qu'elle serait sa femme... lui! l'homme violent et cruel, qui ne connaît pas d'obstacle à ses désirs. Paula! l'épouse de Faustus?... mais s'il fallait produire à l'heure du mariage l'acte de naissance de la pauvre enfant... il la reconnaîtrait pour la fille d'un de ses serfs exilés... et je lui livrerais non pas une épouse, mais une esclave... (*Avec une douloureuse tendresse.*) Ma Paula!... mon enfant!... (*Résolûment.*) Allons!... il faut que je l'emmène en Suède... que je me décide à lui révéler le douloureux secret de sa naissance... Et comme si la Providence avait été prévoyante .. elle a mis au cœur de Paula une affection consolatrice... Paula aime Richard, à qui je pourrai confier... mais je ne nommerai jamais le père de Paula, c'est assez d'avouer qu'elle est fille d'un serf... sans ajouter encore qu'elle est celle d'un condamné... Pourvu que monsieur Bernard n'ait pas formé pour son fils des projets en France... C'est là ce qu'il faut que je sache sans retard. (*Elle sonne, et s'assied pres de la table.*)

* La Comtesse, Tolapp.

SCÈNE IX

LA COMTESSE, SCHMITH.

SCHMITH, *entrant du fond.* Madame la comtesse a sonné?

LA COMTESSE. Oui, Schmith... Dites à monsieur Bernard que je désire lui parler... puis vous vous rapprocherez de ma fille et resterez à ses ordres.

SCHMITH, *s'inclinant.* Bien, madame la comtesse. (*Il entre à droite.*)

SCÈNE X

LA COMTESSE, *assise; puis* BERNARD.

LA COMTESSE, *seule.* S'ils partaient demain... ils me laisseraient inquiète... irrésolue... Il faut absolument que je les retienne pendant quelques jours encore.

BERNARD, *qui vient d'entrer par la droite.* Madame la comtesse, je viens me mettre à vos ordres.

LA COMTESSE. Monsieur Bernard, j'ai une grâce à vous demander.

BERNARD. Laquelle, madame?

LA COMTESSE. Je veux vous prier d'ajourner votre départ.

BERNARD, *affirmativement.* Je ne le puis, madame.

LA COMTESSE. Pour quelques jours, seulement.

BERNARD. Vous voulez prolonger, madame, votre aimable hospitalité... mais, pour vous éviter les conséquences de tant de bonté, je n'ai pas le droit d'hésiter un instant, et je dois, en homme d'honneur, vous en signaler le danger.

LA COMTESSE. Quel est-il donc?

BERNARD. Madame la comtesse! Richard, mon fils, ose aimer votre fille.

LA COMTESSE, *avec calme.* Je le soupçonnais.

BERNARD. Vous le soupçonniez!... Votre calme, je l'avoue, m'étonne et me confond; vous oubliez donc que Richard est le fils d'un officier sans fortune?

LA COMTESSE. Veuillez, je vous prie, vous asseoir et m'accorder quelques minutes d'entretien. (*Bernard s'assied près de la Comtesse.*) J'ai toujours pensé, monsieur Bernard, que la pureté des sentiments, la noblesse de l'âme, et le mérite qui peut conduire à la célébrité, étaient la richesse, qu'en échange de la sienne, ma Paula devait attendre de celui qui deviendra son mari... et c'est pour cela que je ne me suis pas épouvantée de l'affection que votre fils pouvait concevoir pour ma fille.

BERNARD. Vous me voyez, madame la comtesse, ému de tant de désintéressement... et je dois avoir avec vous autant de franchise que vous avez de générosité. Que Dieu me pardonne de briser un espoir... qui aurait été pour moi aussi le plus beau de tous les rêves; mais Richard ne peut devenir l'époux d'une femme russe... parce qu'il y a dans sa naissance un secret que je n'ai plus le droit de vous taire. (*Très-confidentiellement, après avoir rapproché son siége de celui de la Comtesse.*) Richard... madame la comtesse, est le fils d'un serf russe...* est un pauvre enfant qu'à l'époque de nos guerres j'ai recueilli dans ce pays, et que j'ai élevé en France. Vous voyez bien que son amour pour votre fille est un malheur, madame...

LA COMTESSE. Non, capitaine... car, pour Paula, comme pour monsieur Richard, la Russie a ses périls.

BERNARD, *se levant.* Comment!

LA COMTESSE, *se levant aussi et après s'être bien assurée du regard qu'ils sont bien seuls.* Paula n'est pas ma fille...

BERNARD. Que dites-vous!

LA COMTESSE. Elle est l'enfant d'une pauvre femme qui est morte à mon service.

BERNARD. Est-ce possible!...

LA COMTESSE. Et, sans entrer dans de plus grands détails sur un passé rempli de douloureux souvenirs, si vous permettez que je considère Richard comme votre enfant d'adoption, je vous prierai de regarder Paula comme ma fille adoptive.

BERNARD. Mais, alors, madame... ces enfants peuvent s'aimer!...

LA COMTESSE. Et pourront se marier un jour en Suède, où j'ai prudemment conservé tous mes biens.

BERNARD. Se marier!...

LA COMTESSE. Consentez-vous maintenant à ajourner votre départ?

BERNARD. Jusqu'à l'heure de votre bon plaisir.

LA COMTESSE. Merci!... Je brûle du désir d'apprendre à Paula cette bonne nouvelle.

BERNARD. Et moi de consoler Richard.

LA COMTESSE. Venez... Il n'y a de vrai bonheur...

BERNARD, *lui offrant son bras.* Que celui que l'on fait partager à ses enfants.

LA COMTESSE, *lui prenant le bras.* Venez donc compléter le nôtre. (*Ils sortent en causant par la droite. La porte du fond à gauche s'ouvre lentement; Fédor paraît.*)

SCÈNE XI

FÉDOR, *puis* SOPHIE.

FÉDOR. Je n'entends plus personne... entrons, puisque je n'ai pu rencontrer Sophie dans les antichambres. (*La voyant venir à droite.*) La voici... (*A Sophie.*) Tu m'avais vu entrer dans l'hôtel?...

SOPHIE. Oui; mais j'étais retenue auprès de mademoiselle.

FÉDOR. Tu n'as pas oublié que le prince t'a promis une dot si tu le servais dans cette maison?...

SOPHIE. Et je le sers pour la gagner.

FÉDOR. Dis-moi donc bien vite...

SOPHIE. Avant tout, le portrait de mademoiselle Paula.

FÉDOR. Je l'apporte. (*Il en sort deux de sa poche.*) Le voici... Non!... lequel?... Oui, c'est celui-ci. Je viens de les prendre tous deux chez le peintre; tu vois qu'un jour a suffi pour en faire une copie si fidèle, que j'ai peine à la distinguer de l'original.

SOPHIE, *faisant un mouvement pour sortir.* Je vais le remettre à sa place.

FÉDOR, *la retenant.* Attends! et dis-moi d'abord ce que tu sais de nouveau?

SOPHIE. Je suis plus que jamais convaincue que mademoiselle Paula aime le docteur Richard.

FÉDOR. Tant pis pour elle... et que dit la comtesse?

SOPHIE. Soit faiblesse ou reconnaissance, elle ne met aucun obstacle à l'affection des jeunes gens... et un long entretien qu'elle vient d'avoir avec monsieur Bernard fait pressentir ou un prochain mariage ou un prochain voyage...

FÉDOR. Diable! diable! si Paula disparaissait et se mariait loin d'ici...

SOPHIE. Le prince est donc toujours bien amoureux?

FÉDOR. Ce n'est plus de l'amour... c'est du délire... Oh! si je suivais mon propre sentiment... je laisserais bien partir la comtesse, je laisserais bien mademoiselle Paula épouser tous les médecins de l'Europe, car je suis sûr que cet amour-là nous portera malheur un jour... mais si la jeune fille lui échappait, sa fureur retomberait sur moi... et, tout bien calculé, je vais lui donner l'éveil et lui conseiller d'agir sans retard.

LA VOIX DE LA COMTESSE AU DEHORS. Sophie!

FÉDOR, *gagnant la porte.* La comtesse!... Il est inutile qu'elle me voie.

SOPHIE. Partez. (*Elle ferme la porte sur lui.*)

LA VOIX DE LA COMTESSE, *appelant.* Sophie!... (*Elle paraît.*)

SCÈNE XII

SOPHIE, LA COMTESSE.

LA COMTESSE. Sophie!... je vous appelle... Savez-vous ce qu'est devenu le portrait de ma fille?

SOPHIE *interdite.* Le portrait!... il est dans votre boudoir (*Elle le cache*)

LA COMTESSE. Il n'y est pas!... je le cherche partout (*Elle cherche sur la cheminée.*)

SOPHIE. Je l'ai encore vu ce matin...

LA COMTESSE, *allant regarder sur la table.* Mais où donc?...

SOPHIE. Je ne puis le dire au juste... mais je vous réponds que je vais le trouver parmi vos bijoux.

LA COMTESSE. Voyez donc! (*Sophie sort à droite.*)

SCENE XIII

LA COMTESSE *seule, puis* PAULA.

LA COMTESSE. Il me semble que la perte de ce portrait serait le présage d'un malheur... mais il ne peut être perdu!... Il faudrait que quelqu'un s'en fût emparé... voyons!... regardons encore... Je ne l'ai pas sur moi.. (*Elle sort une chaîne de son sein.*) Non!... je ne l'ai pas...

PAULA, *entrant le portrait à la main.* Tiens mère!...

LA COMTESSE. * Le voici!... (*Elle le prend.*) Où était-il donc?

PAULA. C'est étrange!... en regardant de nouveau avec Sophie dans ton coffre à bijoux... nous l'y avons trouvé...

LA COMTESSE. J'étais donc bien préoccupée quand je l'y cherchais... (*Elle le suspend à la chaîne qu'elle porte.*)

PAULA. C'est bien vrai, n'est-ce pas, que monsieur Bernard retarde son départ?...

LA COMTESSE *souriant.* Puisque tu as encore besoin des conseils de son fils.

PAULA. Certainement.

LA COMTESSE. Et j'ai encore une nouvelle à t'apprendre.

PAULA. Bonne? Comme la première...

LA COMTESSE. Plus triste.

PAULA, *inquiète.* Qu'est-ce donc?

LA COMTESSE, *pensive.* Tu embellis tous les jours, mon enfant.

PAULA, *se remettant.* Jusque-là, je ne vois rien d'attristant.

LA COMTESSE, *de même.* Et je ne suis pas seule à m'en apercevoir.

PAULA, *avec joie.* Tant mieux!...

LA COMTESSE. Le prince Faustus, qui te rencontre souvent...

PAULA. Le prince Faustus!

LA COMTESSE. Est violemment épris de toi.

PAULA *avec frayeur.* Grand Dieu!...

LA COMTESSE, *examinant Paula avec attention.* Et Tolapp vient de me confier tout à l'heure qu'il a entendu le prince dire à Fédor qu'il veut te faire princesse.

PAULA, *avec terreur.* Moi... sa femme!...

LA COMTESSE, *la prenant affectueusement dans ses bras.* Oh!... jamais!...

SCHMITH, *à la porte du fond.* Madame la comtesse, je viens de voir entrer dans la cour de l'hôtel, l'équipage du prince Faustus.

PAULA, *effrayée.* Lui!...

LA COMTESSE, *de même.* Déjà!(*Au Domestique.*) c'est bien...

PAULA. S'il venait me demander en mariage?

LA COMTESSE. Éloigne-toi, ma fille.

PAULA *pensive.* J'aimerais mieux la mort, ma mère.

LA COMTESSE *l'entraînant à gauche.* Laisse-moi seule avec lui...

PAULA *près de la porte.* Vous connaissez son caractère irascible...

LA COMTESSE. Sois tranquille... je l'éconduirai adroitement et poliment.

LE DOMESTIQUE, *annonçant.* Son excellence le prince Faustus. *Elle fait sortir Paula, traverse la scène en se remettant de son émotion, et Faustus entre par le fond.*)

SCÈNE XIII.

LA COMTESSE, FAUSTUS.

FAUSTUS. Je dépose aux pieds de Sa Noblesse mes respectueux hommages. (*Il s'incline.*)

LA COMTESSE, *après avoir rendu son salut.* Quel peut donc être... prince, l'objet d'une visite aussi inattendue?

FAUSTUS. Depuis plusieurs jours, comtesse, mes messagers m'apportaient de mademoi-

* La Comtesse, Paula.

selle Paula, des nouvelles consolantes; et j'ai voulu me convaincre qu'elles étaient bien réelles.

LA COMTESSE. C'est bien aimable à vous... (*Lui indiquant un siége près de la table.*) Prince!... (*Faustus s'assied, elle s'assied aussi de l'autre côté de la table.*) Tant d'intérêt!...

FAUSTUS *assis*.* Ne vous surprendra pas, comtesse, quels sont les projets... et les rêves que mademoiselle Paula a fait naître en mon cœur.

LA COMTESSE, *à part*. Nous y voici.

FAUSTUS. J'aime votre fille, comtesse d'un invincible amour.

LA COMTESSE. Vous?

FAUSTUS. Et je veux la faire princesse, en lui vouant toute ma vie.

LA COMTESSE. Prince, vous me voyez confuse et touchée d'un honneur auquel j'étais loin de m'attendre... mais, vous le savez, une femme doit avant tout apporter à son époux un cœur... libre... et celui de Paula ne lui appartien plus à cette heure.

FAUSTUS. Que dites-vous?

LA COMTESSE. Elle est promise...

FAUSTUS. A qui donc?... madame.

LA COMTESSE. Au jeune médecin qui lui a donné ses soins.

FAUSTUS, *se levant*. A ce Français de passage que la maladie de votre fille a fait appeler chez vous, mais il n'a ni noblesse ni fortune!

LA COMTESSE, *se levant aussi*. Aujourd'hui... vous le savez... le talent peut mener à tout.

FAUSTUS. Il est impossible que vous ayez pris au sérieux une première affection plus fragile encore qu'insensée... Heureusement une destinée prévoyante ouvre devant votre fille une carrière large et splendide... Ma principauté, ma richesse, je les tiens du prince Constantin... votre époux... parce qu'une condition spéciale du czar excluait les femmes de ce grand héritage... Mais vous le voyez, comtesse, une justice providentielle, qui m'a inspiré cet irrésistible amour, m'ordonne de partager avec votre fille la fortune de son père, et vous ne pouvez vous y opposer... car c'est un juste arrêt du ciel.

LA COMTESSE. J'ai toujours approuvé la volonté impériale qui a disposé du titre de mon époux... mais je veux régler seule et sans hésitation l'avenir et le bonheur de mon enfant. Son cœur doit être mon seul guide.

FAUSTUS. Vous êtes donc sans pitié?...

LA COMTESSE. Je suis mère. (*Mouvement de Faustus. Nouveau silence.*)

FAUSTUS. Je n'ai plus, madame, qu'une grâce à vous demander...

LA COMTESSE. Laquelle?

FAUSTUS. Au nom de la prudence et de la sagesse, promettez-moi seulement de retarder de quelques mois le mariage de mademoiselle Paula.

* La Comtesse, Faustus.

LA COMTESSE. Si je le promettais... je ne pourrais tenir ma parole.

FAUSTUS. Ainsi, vous êtes bien décidé à marier votre fille à ce Français?

LA COMTESSE. Je l'ai juré.

FAUSTUS. Alors... je n'ai plus qu'à me retirer. (*Il monte la scène.*)

LA COMTESSE, *à part avec espoir*. Il s'en va!... (*Faustus s'arrête au fond, la Comtesse le salue.*)

FAUSTUS. Un mot encore?...

LA COMTESSE, *allant à lui*. Parlez!...

FAUSTUS. Vous ne connaissez pas, vous qui êtes Suédoise, les lois qui régissent en Russie... le servage?

LA COMTESSE, *effrayée*. Le servage?...

FAUSTUS. Oui.

LA COMTESSE, *cherchant à cacher son trouble*. Je ne les connais pas... Mais quel rapport peuvent avoir ces lois...

FAUSTUS, *très-durement*. Vous ne le... devinez pas?

LA COMTESSE, *tremblante*. Non!...

FAUSTUS, *la fixant*. Alors, pourquoi... pâlissez-vous?

LA COMTESSE. Moi!... (*Elle s'appuie tremblante sur un fauteuil.*)

FAUSTUS. Il y a une loi qui dit ceci, madame : « Partout où un seigneur trouvera un de ses » serfs soustrait à sa vigilance... il en rede- » viendra le légitime possesseur. »

LA COMTESSE, *cherchant à se rassurer*. Que me parlez-vous de lois, de code, et de servage... Je ne devine pas les énigmes... et je ne vous comprends pas...

FAUSTUS. Parce que vous ignorez, qu'il y a vingt ans, une lettre qu'on vous adressait du bourg des Falaises est tombée entre mes mains.

LA COMTESSE, *à part*. Une lettre... (*Haut.*) Je ne sais pas ce que vous voulez dire!... Je n'entends rien à vos mystères... (*Avec un accent convulsif en descendant la scène.*) Je sais seulement que j'ai juré de faire le bonheur de ma fille et que rien au monde ne pourra me détourner de ma route.

FAUSTUS, *se rapprochant d'elle*. Et la loi dit aussi... « Le serf ou la serve ne pourra con- » tracter mariage sans la permission écrite » de son maître et seigneur... » Demain, madame, je viendrai offrir à mademoiselle votre fille... une couronne de princesse... A demain!... A demain. (*Il sort par le fond.*)

SCÈNE XIV

LA COMTESSE, *puis* PAULA, *puis* BERNARD *et* RICHARD.

LA COMTESSE, *avec épouvante*. Il a lu la lettre!... Il savait mon secret depuis vingt ans!... Faustus... Mais alors!... c'est donc lui qui, pour hériter, a fait tuer mon fils!... (*Avec désespoir.*) Et je ne peux pas l'en accuser... sans avouer que Paula n'est pas ma fille. (*Avec déchirement.*) Oh!... désespoir!...

PAULA, *qui vient d'entrer*. Eh bien! mère... l'as-tu poliment éconduit?

LA COMTESSE, *la voyant*. Paula!...

PAULA. Mais, qu'as-tu donc?...

LA COMTESSE. Rien... (*Elle s'assied chancelante.*)

PAULA. Tu pleures... mon Dieu! (*Montant à la porte de droite.*) Oh! venez... venez secourir ma mère... (*Bernard et Richard accourent.*)

RICHARD, *à sa gauche*. Qu'avez-vous donc, madame?

LA COMTESSE. Rien, docteur.

BERNARD,* *passant à sa droite*. Est-ce que le prince vous a outragée?...

LA COMTESSE. Monsieur Bernard! faites préparer des chevaux... nous allons partir...

BERNARD. Partir!

LA COMTESSE. En Suède... nous n'en sommes qu'à cinquante lieues. (*Elle fait un effort pour se lever.*)

RICHARD, *la retenant*. Y songez-vous, madame... voyager dans l'état où vous êtes... et par cette saison des avalanches et des tempêtes?

LA COMTESSE, *avec délire*. C'est ici que gronde l'avalanche... que se prépare la tempête... (*Se levant et désignant Paula.*) Puisqu'il la demande pour épouse!...

PAULA. Lui, Faustus!...

RICHARD. Quoi! le prince...

PAULA, *à Richard*. Oh!... jamais!... (*Allant à sa mère.*) Oh! ne tremble pas ainsi... Je veux aller le trouver et lui dire que je le hais, que je le maudis... Je veux...

LA COMTESSE, *l'arrêtant*. Malheureuse!... tu te perdrais...

PAULA. Pourquoi?

LA COMTESSE. Pourquoi?... Parce que tu n'es pas ma fille!...

PAULA. Moi?

LA COMTESSE. Parce que tes père et mère étaient serfs du prince Faustus, qui te veut pour femme ou pour esclave.

PAULA. Mon Dieu!...

BERNARD, *à la Comtesse*. Nous partirons avant une heure, madame...

PAULA, *avec égarement*. Faustus!... mon maître!... moi... sa serve!... (*Sanglotant.*) Oh!... sauvez-moi... ma mère... sauvez-moi!... (*Elle se jette en pleurant dans les bras de la comtesse, et Bernard et Richard montent très-agités appeler dans le fond pendant que le rideau tombe.*)

* Bernard, la Comtesse, Richard, Paula.

FIN DU PREMIER ACTE.

ACTE DEUXIÈME

Le théâtre représente une partie élevée de montagne dans le nord de la Russie et près de la Suède. au quatrième plan à gauche, et faisant face au public, la tour d'un phare qui se perd dans le cintre; sur cette tour, à demi hauteur, est appuyé un toit, couvert de neige, que supportent des poutres, qui a deux plans de profondeur et occupe la moitié du théâtre; sur le mur latéral de gauche, une grande cheminée qui l'occupe tout entier et près de laquelle, et presque dehors, est une grosse pierre qui sert de siége. Une planche au fond sur le mur et près de la cheminée, sur laquelle il y a une lampe et des gobelets; une hache accrochée sur le mur. Un bâton ferré, un fusil et un escabeau. — Plusieurs routes aboutissent à ce phare qui occupe un point culminant de la montagne; en conséquence, chacune des routes semble descendre dans les vallées. Routes latérales, une à gauche, premier plan, deux à gauche, premier et troisième plan. Au fond, une route qui descend derrière la cabane et un tertre un peu élevé qui domine l'espace. Horizon de montagnes, ciel gris, atmosphère brumeuse, bruit de vent dans la montagne; aspect général triste et froid — Au lever du rideau, Micaël, vêtu très misérablement de grosse laine et de peau de bête qui l'abritent du froid est occupé sous la toiture à enrouler des cordages autour de son bras. Faustus enveloppé dans un manteau, paraît, venant de la deuxième route latérale du troisième plan.

—

SCÈNE PREMIÈRE.

FAUSTUS, MICAEL, *puis* FÉDOR.

FAUSTUS. Voici la tour du phare; cet homme est sans doute le veilleur de nuit. Appelons-le... Holà!... l'homme!

MICAEL, *qui allait entrer dans la tour du phare, s'arrêtant surpris.* Que voulez-vous?

FAUSTUS. Approche... (*Micael descend en scène.*) C'est toi qui allumes ce phare et veilles ici la nuit?

MICAEL. Oui.

FAUSTUS. La nuit passée a-t-elle amené des visiteurs?

MICAEL. Aucun.

FAUSTUS. Pas de voyageur errant?... pas de voyageuse égarée?

MICAEL. Personne.

FAUSTUS. Personne?... (*A part, en s'éloignant de lui.*) Qu'est donc devenue Paula?

MICAEL. Est-ce là tout ce que vous avez à me demander?

FAUSTUS. C'est tout... (*Micael entre dans la tour du phare.— Il se promène avec agitation.*) Elle est, bien sûr, dans la montagne... mais où?... voyons... je veux m'orienter... (*A Micaël.*) Dis-moi?... Il n'est plus là!

FÉDOR, *qui vient d'entrer du fond à droite en grelottant.* Vous m'avez devancé, maître...

FAUSTUS. Oui... et le guide?

FÉDOR, *grelottant.* Va venir... Il est allé dire à Tolapp d'attacher le cheval du traîneau.

FAUSTUS. Eh bien, que sais-tu?

FÉDOR. Que la comtesse cherche aussi mademoiselle Paula dans la montagne.

FAUSTUS. Je le pensais bien...

FÉDOR. Avez-vous rencontré le veilleur de ce phare?

FAUSTUS. Oui... je l'ai questionné... Il n'a vu personne.

FÉDOR. Ah! je vous disais bien, moi, qu'en voulant aborder mademoiselle Paula à la station où elle s'était arrêtée avec la comtesse et les Bernard... je vous disais bien que vous faisiez fausse route.

FAUSTUS. Je n'en suis pas encore convaincu. D'ailleurs... je n'avais pas à choisir... n'étaient-ils pas à six lieues de la Suède... quand enfin nous avons pu les atteindre... et, puisque j'avais échoué auprès de la comtesse... ne devais-je pas faire une tentative auprès de Paula?

FÉDOR. Non!... cent fois non!... c'était une imprudence.

FAUSTUS. Dont je ne me repens pas, moi... car la frayeur de Paula en me voyant près d'elle... son émotion qui a déterminé sa fuite, l'a séparée de la comtesse et des Bernard.

FÉDOR. Si bien que vous ne pouvez maintenant menacer ni les uns ni les autres!... elle a donc fait sagement en s'éloignant d'eux.

FAUSTUS. Moi, je crois qu'elle a eu tort de se séparer de ses défenseurs, puisqu'elle n'a pu gagner la Suède.

FÉDOR. Nous ne sommes pas certains qu'elle n'y est pas à cette heure.

FAUSTUS. Comment, nous n'en sommes pas certains... Outre les rapports de mes messagers... n'en avons-nous pas pour preuve convaincante les démarches de la comtesse, qui la cherche comme nous?

FÉDOR. C'est vrai... oui... je suis forcé de convenir que vous avez raison.

FAUSTUS. Eh bien, Fédor... je caresse un projet qui me remplit d'espoir.

FÉDOR. Toujours de nouveaux projets... bien obligé. Moi, je vais reprendre le chemin d'Arkangel.

FAUSTUS. Comment!...

FÉDOR. Et songer à ma sûreté...

FAUSTUS, *s'emportant.* Fédor!...

FÉDOR, *de même.* Ah! si vous croyez que j'ai envie de mourir ici dans la neige pour servir votre folie.

FAUSTUS. Ma folie?...

FÉDOR. Oui! votre folie. (*Baissant la voix.*) Vous oubliez donc... que depuis vingt ans nous jouissons d'une fortune, d'une puissance... dont nous nous sommes emparés par le mensonge et la spoliation.

FAUSTUS, *très-calme.* Je croyais que tu l'avais oublié.

FÉDOR. Eh! le puis-je!... quand vous perpétuez une lutte qui pourra faire découvrir peut-être un jour que vous n'êtes pas le vrai prince Faustus.

FAUSTUS. Toujours des craintes... Si, comme moi, tu avais une passion dans le cœur...

FÉDOR. Oui, mais je n'ai que des rhumatismes dans l'épaule...

FAUSTUS. L'exercice t'en guérira.

FÉDOR. Merci, vous travaillez beaucoup trop à ma guérison... je veux essayer le repos....

FAUSTUS. Voyons Fédor, je te jure que je ne ferai plus qu'une tentative... une seule qui me livrera Paula, sans que je sois obligé d'invoquer la loi contre un serve rebelle.

FÉDOR. Encore des illusions!...

FAUSTUS. Écoute... et tu jugeras!... Que Paula ait eu tort ou raison de s'isoler... le fait est qu'il est bien démontré qu'elle est cachée dans ces montagnes, labyrinthe inextricable dans lequel la comtesse se perdra comme nous y sommes perdus nous-mêmes.

FÉDOR. Ça, c'est inévitable.

FAUSTUS. Mais ce guide, que nous avons pris tout à l'heure, en connaît, lui, tous les détours?

FÉDOR. Puisque c'est son métier.

FAUSTUS. Eh bien! c'est lui que je veux charger de chercher, seul, mademoiselle Paula.

FÉDOR. Il la trouvera peut-être... mais... croyez-vous donc que mademoiselle Paula ne se méfiera pas de lui?

FAUSTUS. J'ai, pour la rassurer et la tromper... un moyen infaillible.

FÉDOR. Lequel, donc?

FAUSTUS, *lui montrant le portrait du premier acte.* Ce portrait.

FÉDOR. Son portrait...

FAUSTUS. Crois-tu qu'elle hésiterait à suivre le guide, s'il le lui donnait comme venant de monsieur Richard.

FÉDOR. Elle prendrait assurément cette copie pour l'original que porte la comtesse, et vous avez raison, la jeune fille abusée...

FAUTUS. Tais-toi, voici le guide. (*Le Guide vient du fond avec Tolapp*).

SCÈNE II

LES PRÉCÉDENTS, LE GUIDE, TOLAPP.

LE GUIDE, *vêtu comme un paysan du Nord, bâton ferré à la main, fusil en bandoulière.* Maître... j'ai fait votre commission.

TOLAPP, *s'approchant.* Et je viens me mettre à vos ordres.

FAUSTUS, *à Tolapp.* Tu as attaché le cheval?

TOLAPP. Oui, monseigneur.

FAUSTUS. C'est bien. (*Au Guide.*) Toi! là-bas... approche.

LE GUIDE, *s'approchant.* Me voici, maître.

FAUSTUS.* Allons, plus près. (*Le Guide vient tout près de lui.*) Tu sais que lorsque je t'ai choisi pour guide... tu m'as promis de me bien seconder?

LE GUIDE. Vous m'avez largement payé d'avance, et je suis prêt à tenir ma parole.

FAUSTUS. C'est bien!... Je vais t'expliquer clairement ce que tu auras à faire... (*Désignant la route latérale à gauche.*) Prends cette route, que je veux explorer avec toi. (*Le guide passe en s'inclinant devant Faustus et s'arrête au bord du chemin.*)

TOLAPP, *faisant un pas.* Dois-je vous suivre, monseigneur?

FAUSTUS. Non! reste ici. Je serai bien aise de t'y trouver, si... j'y reviens. Suis-moi, Fédor. (*Au Guide.*) Et toi, sois bien attentif à tout ce que je vais te dire. (*Il sort en causant à voix basse avec le Guide.*)

* Fédor, Faustus, le Guide, Tolapp.

FEDOR, *à part, en les suivant.* J'ai compris son projet.

SCÈNE III

TOLAPP, *puis* MICAEL.

TOLAPP. Il sera bien aise de me trouver ici s'il y revient... bon!... mais, s'il n'y revient pas?... (*Se battant les bras.*) Je suis gelé... transi... morfondu!... Je ne sais pas si le prince appelle cela un voyage d'agrément! (*Regardant en l'air.*) Qu'est-ce qui vient de passer là?... Encore l'épervier que je voyais planer au-dessus de moi tout à l'heure. Il s'est posé!... Il guette les pinsons... (*Regardant autour de lui.*) Si je trouvais une pierre... (*Voyant le fusil de Micaël.*) Un fusil! (*Il le prend et ouvre le bassinet.*) Chargé!... Attends-moi, mon garçon, je vas t'éclaircir la vue... (*Il traverse la scène à pas de loup.*) Doucement... doucement!... (*Il disparaît à droite. — On entend presque aussitôt son coup de fusil.*)

MICAEL, *sortant de la tour.* Qu'est-ce cela?... Un coup de fusil, si près d'ici... mais... mon fusil n'est plus là. Qu'est-ce que cela veut dire? (*Il fait un pas et remonte.*)

TOLAPP, *qui vient de rentrer en tenant l'épervier par les pattes.* Voilà ton fusil, mon brave homme. (*Il rend le fusil à Micaël.*)

MICAEL, *prenant le fusil.* Tu avais pris mon fusil?

TOLAPP. Pour protéger l'innocence, (*lui montrant l'épervier*) et voilà l'ennemi des pinsons. (*Il passe près du feu.*)

MICAEL, *examinant Tolapp.* Mon Dieu!... (*Tolapp jette l'épervier dans un coin.*) D'où viens-tu donc, toi?

TOLAPP, *se chauffant.** D'Arckangel.

MICAEL. C'est Tolapp!

TOLAPP. Lui-même... mais toi?

MICAEL. Tu ne me reconnais pas?

TOLAPP, *le considérant.* Est-ce que tu serais?...

MICAEL, *lui ouvrant ses bras.* Mon bon Tolapp!...

TOLAPP. Micaël!... vivant!... (*Se jetant dans ses bras.*) Oh! mon vieux compagnon!...

MICAEL, *avec émotion.* Tolapp... dans ce pays!... par quel hasard?...

TOLAPP. Je voyage avec le prince Faustus.

MICAEL. Dans cette fatale saison?

TOLAPP. Il paraît qu'on ne choisit par la saison, quand on veut se distraire d'un chagrin d'amour. Mais, dis-moi... mon pauvre Micaël, comment il se fait que toi, que nous croyions mort dans les glaciers...

MICAEL. Oh! parle-moi d'abord d'Arckangel, dis-moi... la comtesse Alexandra?

TOLAPP. Toujours de ce monde.

MICAEL. Et... sa fille...

TOLAPP. Mademoiselle Paula?...

MICAEL. Oui.

TOLAPP. Belle comme une fée... bonne comme une sainte.

MICAEL, *avec émotion.* Elle est belle... dis-tu?

TOLAPP. Trop belle sans doute... puisque c'est d'elle que le prince est amoureux.

MICAEL. Faustus!...

TOLAPP. Raconte-moi donc, mon bon Micaël...

MICAEL, *l'interrompant.* Tu dis que Faustus est amoureux de mademoiselle Paula?

* Tolapp, Micaël.

TOLAPP. Amoureux, fou!... Mais heureusement qu'elle est est partie.

MICAEL. Partie?... Où donc? Quand?... Comment?

TOLAPP. Figure-toi que la belle jeune fille était à la veille de se marier avec un jeune Français.

MICAEL. Un Français?

TOLAPP. Quand l'amour du prince est venu mettre obstacle à ce mariage.

MICAEL. Vraiment?

TOLAPP. Et la comtesse, épouvantée de cette rivalité... a pris tout à coup le parti de disparaître avec sa fille et ce fiancé, parce qu'elle veut sans doute les marier à l'étranger.

FAUSTUS, *désignant la route de gauche.* Non, Fédoz se repose au bas de ce chemin... va te mettre à son service.

TOLAPP, *à part en se débarrassant de sa gourde.* Je vais oublier ma gourde ici... Micael la trouvera, (*Il la suspend à un clou sur le poteau de droite de la cabane.*)

FAUSTUS. Eh bien?

TOLAPP. Je pars, maître... je pars... (*Il sort à gauche.*)

SCÈNE V

MICAEL, FAUSTUS.

MICAEL, *à part en examinant Faustus.* Amoureux de Paula!...

FAUSTUS, *à part.* Le guide est en route!... prenons bien toutes nos dispositions. (*A Micaël.*) Dis-moi où mène cette route? (*Il désigne à droite.*)

MICAEL. A la citadelle.

FAUSTUS. A la citadelle?... (*Montant au fond et désignant dans l'espace.*) Et quelle est cet amas de maisons que l'on distingue dans le fond de la vallée?

MICAEL. La ville Saint-Jean des basses-terres.

FAUSTUS. Celle qui a été engloutie sous les eaux?

MICAEL. Oui, maître... Il y a quatre ans, bon nombre de ses habitants ont péri.. mais un si terrible désastre ne peut plus se renouveler.

FAUSTUS. Pourquoi?... les avalanches ne sont-elles pas fréquentes dans ce pays?

MICAEL, *qui s'est rapproché de lui.* Si, maître... mais, voyez-vous là, bien plus près de nous, au delà du précipice... un rempart?

FAUSTUS. Je le vois.

MICAEL. Il y a toujours des canons chargés sur cette muraille qu'on appelle la sauvegarde de Saint-Jean, et sitôt que les fleuves annoncent, en débordant au loin, les fontes de neige des monts Ourals, des soldats sont envoyés de la citadelle pour tirer ces canons qui en portent la nouvelle à Saint-Jean.

FAUSTUS. Je comprends qu'alors les habitants prévenus...

MICAEL. Se hâtent de fermer les puits de leurs mines et de gagner les hauteurs pour échapper à l'inondation... et je crois qu'on entendra bientôt le signal du rempart, la neige commence à se fondre... et le vent chasse du sud.

FAUSTUS, *revenant en scène.* Oui, en effet... (*Micaël rentre sous la toiture, range son fusil et ramasse des éclats de bois qu'il met dans la cheminée. — Songeant.*) Ainsi... pour aller à Saint-Jean... il faut toujours descendre... (*Regardant sur la route à droite.*) Mais... je ne me trompe pas!... c'est Richard et la Comtesse!... Ils viennent ici!... Oh! si je pouvais savoir ce qu'ils disent, ce qu'ils espèrent... (*A Micaël en entrant sous la toiture.*) Écoute.

MICAEL, *pensif.* Déjà marier Paula!... (*Il songe.*)

TOLAPP. Mais dis-moi donc comment il se fait que je te rencontre ici?...

MICAEL. J'étais depuis douze ans dans les glaciers polaires, quand le major Blum... autrefois le capitaine Blum...

TOLAPP. Qui est aujourd'hui gouverneur d'Arckangel.

MICAEL. Que Dieu veille sur ses jours! Il me reconnut dans une inspection qu'il faisait aux glaciers... Il savait, lui, que j'avais été condamné pour avoir payé une dette de champ de bataille... et le généreux homme de guerre entreprit d'améliorer mon sort... Ne pouvant espérer ma grâce, il obtint pour moi ce poste de veilleur de nuit dans ces montagnes qui avoisinent la Suède, et j'y subis mon exil dans un climat moins fatal et moins dur.

TOLAPP. Tes ressources pour vivre?

MICAEL. Ma chasse et une ration de riz que je vais chercher chaque semaine à la citadelle.

TOLAPP. Triste condition!... mon pauvre Micaël...

MICAEL. Bien triste, en effet, mon bon Tolapp... mais dont je n'ai pas le droit de me plaindre aujourd'hui, puisque c'est grâce à elle que je puis serrer la main d'un frère.

TOLAPP, *lui serrant la main.* C'est peut-être le présage d'un meilleur avenir.

MICAEL, *souriant.* Peut-être.

TOLAPP, *montrant sa gourde qu'il tient suspendue par une corde.* Et si tu le veux... j'ai dans ma gourde du vin de France que le prince avait oublié dans son traîneau...

MICAEL. Du vin de France!

TOLAPP. Nous allons le boire à de meilleurs jours.

MICAEL, *allant prendre un gobelet au fond.* Bien volontiers.

TOLAPP, *apercevant Faustus sur la route à gauche.* Mais voici le Prince.

MICAEL. Le Prince?...

TOLAPP, *montant à Micaël.* Il va sans doute te reconnaître.

MICAEL. Nous ne nous sommes jamais vus.

TOLAPP. C'est vrai.

MICAEL, *vivement.* Mais il va t'emmener... Tolapp?...

TOLAPP. Sois tranquille... je reviendrai... Le phare me guidera.

SCÈNE IV

LES PRÉCÉDENTS, FAUSTUS.

FAUSTUS. Approche, Tolapp!... et débarrasse-moi de ce manteau. (*Tolapp s'approche vivement de lui.*) il me charge. (*Il ôte son manteau et le jette à Tolapp.*)

TOLAPP. Dois-je, mon prince, retourner au traîneau?

MICAEL, *se débarrassant d'une poignée de bois qu'il jette dans la cheminée, et se rapprochant de Faustus.* Que voulez-vous?

FAUSTUS, *avec animation.* Une femme et un jeune homme vont s'arrêter ici, car c'est un lieu de repos... Il faut que tu te caches... que tu écoutes à leur insu leur conversation pour me la redire fidèlement.

MICAEL. C'est l'œuvre d'un espion que vous me demandez-là.

FAUSTUS. Non pas! Je te fournis l'occasion de mériter la faveur d'un prince... Allons, cache-toi, et quand je reviendrai, la récompense égalera l'importance du service... surtout, pas un mot de ma présence!... (*Il s'échappe par la gauche.*)

SCÈNE VI

MICAEL, *seul.*

Je ne veux rien te devoir, moi, Faustus... mais quel intérêt peut-il avoir?... Je le saurai sans doute... non pas comme un traître qui se cache. (*Regardant sur la route, à droite.*) Je resterai là devant ces gens qui s'approchent et leur conversation m'apprendra peut-être. (*Comme frappé tout à coup.*) Mon Dieu! cette femme, c'est la comtesse Alexandra... La comtesse dans ce pays... mais Paula ne peut être loin d'elle, Paula que le prince poursuit de son amour... Oh! je veux tout entendre... tout savoir... Mais ce n'est plus l'espion qui se cache... mon Dieu!... c'est le père que l'inquiétude entraîne... (*Il ouvre la porte de la tour du phare et la referme lentement sur lui.*)

SCÈNE VII

LA COMTESSE ALEXANDRA, RICHARD, MICAEL, *caché.*

RICHARD, *par la droite.* C'est ici, madame, que nous avons donné rendez-vous à mon père.

LA COMTESSE, *inquiète.* Il n'y est pas encore?

RICHARD. Il a entrepris une course bien plus longue que la nôtre.

LA COMTESSE. Et qui sera peut-être infructueuse aussi. (*Elle pleure.*)

RICHARD. Ne bannissons pas l'espérance... madame... et veuillez vous reposer ici. (*Il lui met un escabeau devant la cheminée et l'y fait asseoir; la comtesse fait un geste de douleur.— A part.*) Pauvre femme, comment calmer sa douleur... quand moi-même. (*Il s'asseoit sur la pierre et lui prenant les mains.*) Voyons, madame, ne désespérez pas ainsi. (*Nouveau geste de découragement de la comtesse.*) Tenez, laissez-moi vous relire la lettre de mademoiselle Paula!... vous croirez encore entendre son cœur généreux et dévoué vous parler, et cela vous rendra le courage... (*Lisant une lettre qu'il a prise dans sa poche.*) « Le prince » Faustus nous a suivis et veut m'arracher à » ma mère. Je dois éviter que monsieur Ber- » nard et que son fils exposent leurs jours » pour me défendre... Moi, absente... vous » pourrez tous le défier et le braver. Quand » vous lirez cette lettre, je serai déjà sur la » route de la Suède libératrice, où je vais vous » attendre... Ma fuite peut seule empêcher » une lutte, dans laquelle je ne serais peut- » être pas la seule victime... Espoir et cou- » rage. »

LA COMTESSE. Elle n'avait pas prévu, la généreuse enfant, que la neige en s'amoncelant confondrait toutes les routes.

RICHARD. Il n'est pas possible que le ciel abandonne tant de courage et de vertu!... Elle a pu trouver peut-être quelque chemin praticable.

LA COMTESSE. Jusqu'à présent nos démarches incessantes nous ont prouvé le contraire. (*Se levant avec terreur.*) Mon Dieu!... si Faustus, qui la cherche de son côté, la trouvait avant nous!

RICHARD, *avec vivacité.* Vous lui contesteriez ses droits, n'est-ce pas, madame?

LA COMTESSE. Oui... mais je succomberais quand il faudrait produire des preuves... car je vous l'ai dit, Paula est la fille de Matrena, la serve.

RICHARD. Et vous avez élevé la pauvre enfant?...

LA COMTESSE. Oui, Richard... tandis que Faustus qui avait surpris le secret de sa naissance, la regardait grandir sous ma protection maternelle... Et c'est quand ma vie est passée tout entière dans l'âme de cette enfant aimée... quand sa bonté est devenue ma gloire, sa beauté mon orgueil, son bonheur mon seul rêve... qu'il veut me la ravir... et l'immoler à son caprice...

RICHARD. Infamie!...

LA COMTESSE. Enfin... le sort a permis qu'à cette heure... ma Paula... ma fille... mon trésor... fût errante, égarée dans ces montagnes... exposée, seule, à l'avalanche qui la menace, aux fureurs de Faustus qui la cherche... (*Éclatant en sanglots.*) Et loin de moi, qui ne peux pas même souffrir et mourir avec elle!

RICHARD, *allant à elle.* Vous oubliez, madame, qu'elle est sous le regard de Dieu, qui protége tous ses anges.

LA COMTESSE, *essuyant ses yeux.* Oh! si je ne croyais pas en Dieu!...

RICHARD, *avec inquiétude.* Et mon père qui ne vient pas!

TA COMTESSE, *très-agitée.* Allons au-devant de lui...

RICHARD, *de même.* Oui... marchons... mieux vaut la fatigue qui accable...

LA COMTESSE. Que la réflexion qui tue... n'est-ce pas?... (*Elle se dirige à droite.*)

RICHARD. Si nous prenions quelque chemin de traverse?

LA COMTESSE. Non, Richard, nous pourrions nous égarer encore... il vaut mieux retourner sur nos pas. (*Elle se dirige à droite.*)

RICHARD, *à part.* Si elle savait quelles sont mes terreurs!...

LA COMTESSE. Venez, Richard, venez!... (*Il sort par la route de droite, avec la comtesse; la porte du phare s'ouvre lentement. Micael, pâle et défait, monte convulsivement la scène et semble les suivre des yeux.*)

SCÈNE VIII

MICAEL, *seul, cherchant à fixer sa mémoire.*

Paula... exposée, seule à l'avalanche qui la menace!... et aux fureurs de Faustus, qui la cherche!... voilà bien ce que disait la comtesse... J'allais ouvrir la porte et lui crier : Son père existe encore, madame, pour la secourir et la défendre!... quand un froid m'a saisi... Je croyais l'entendre me dire : Toi, qui parles de la fille que j'ai comblée d'amour.. qu'as-tu fait de mon fils. (*Avec énergie.*) Mais c'est le ciel qui vient de me révéler que mon enfant souffre dans la montagne... mon enfant!... Si je laissais deviner que je suis son père... n'apporterais-je pas la preuve vivante que ce Faustus est son maître?... Allons! je ferai taire mon cœur... je dévorerai mes larmes... Hâtons-nous à sa recherche. (*S'arrêtant.*) Mais si je la trouvais entre les mains de Faustus et de ses sicaires... s'il me fallait la leur arracher?... (*Allant prendre son fusil.*) Chargeons d'abord... cette arme... (*Pendant qu'il charge son fusil sous la toiture, Paula, chancelante et brisée, paraît sur la route en se traînant avec effort, venant de la deuxième route, à droite.*)

SÈCNE IX

MICAEL, PAULA.

PAULA. J'arrive enfin près de ce phare... mais... je crains de succomber... avant de l'atteindre. (*Elle s'appuie sur une pierre.*)

MICAEL, *son fusil sur l'épaule.* Seigneur!... qui savez tout ce que le père a souffert... ayez pitié de sa fille. (*Il se dirige vers le fond et voit Paula.*) Une femme!... Elle est souffrante... (*Il pose son fusil et court à elle. — Paula fait un geste de crainte en le voyant.*) Oh! ne tremblez pas... qu'avez-vous?

PAULA. C'est le froid... sans doute...

MICAEL. Venez... (*Il la soutient.*) Il y a là du feu que nous pourrons ranimer... (*En la conduisant près de la cheminée.*) Pauvre femme... Vous êtes glacée... (*A part, après l'avoir fait asseoir sur l'escabeau.*) Si c'était elle? (*Il se courbe à terre pour souffler le feu qu'il a préparé; le feu s'allume. — Se relevant.*) Ce feu va combattre le froid qui vous accable... mais... comment se fait-il...

PAULA. Je suis depuis hier égarée dans ces montagnes...

MICAEL, *à part.* C'est Paula!...

PAULA. J'ai trop compté sur mon courage.

MICAEL. Mais pourquoi... seule.

PAULA. Pour éviter un malheur, sans en prévoir un autre.

MICAEL, *à part.* Oh! c'est bien elle!... C'est Paula!... Mon Dieu!... (*Il la contemple.*)

PAULA. * D'abord le courage ne me trahissait pas, je me hâtais, confiante, quand ce fantôme de la nuit, qu'on appelle la peur, vint me saisir... Oh! la peur... la peur!...

MICAEL, *à part, avec larmes.* Pauvre enfant!

PAULA. Quand le jour revint, lentement je me remis en chemin au hasard, espérant rencontrer des passants pour demander ma route...

MICAEL, *inquiet.* Et alors?

PAULA. La peur me torturait encore, j'entendis souvent des voix ou des pas...

MICAEL. Eh! bien?...

PAULA. Et chaque fois... frappée d'une terreur subite... Je me cachais comme une criminelle... enfin, marchant et m'arrêtant par intervalle... je me dirigeai vers ce phare... et je vous rends grâce... à vous qui m'avez secourue.

MICAEL, *s'agenouillant près d'elle.*) A moi... mon enf... mademoiselle.

PAULA. Mais je ne sais quel mal inconnu m'accable... pourquoi ma faiblesse résiste à tous mes efforts, et pourquoi mes paroles... s'éteignent... sur mes lèvres... comme si j'allais mourir...

MICAEL. Mourir!... c'est la faim... peut-être?

PAULA. La faim!... (*Avec réflexion.*) La faim... Il est vrai que depuis hier...

MICAEL, *se levant.* C'est la faim!... (*Cherchant autour de lui.*) Et je n'ai rien, moi... rien... (*A part, avec déchirement.*) Si je pouvais au prix de tout mon sang... (*Comme frappé d'une idée et se dirigeant vers la route à droite.*) Ah! la citadelle... mais c'est si loin... mon Dieu! (*Avec déchirement.*) Mais je ne trouverai donc rien pour sauver mon enfant... (*Apercevant la gourde oubliée par

Tolapp.) La gourde de Tolapp!... (*Il la saisit. — allant prendre un gobelet et versant à boire en tremblant d'émotion.*) Tenez... buvez... buvez ceci.

PAULA, *lui rendant le gobelet après avoir bu.* Merci... Il me semble que cela me ranime...

MICAEL. Courage... mademoiselle... courage, vous n'aurez plus la frayeur à redouter... car je pourrai, moi, vous aider à trouver votre mère qui... m'a-t-on dit, vous cherche dans la montagne.

PAULA. Ma mère! (*Se levant.*) Oh! je voudrais déjà partir. (*Elle chancelle.*)

MICAEL, *la retenant.* Partir?... Vous le tenteriez en vain, tant que le repos n'aura pas renouvelé vos forces épuisées... (*Il la fait asseoir sur la pierre.*)

PAULA. Oui... car je ne sais si c'est l'effet de ce feu qui me réchauffe, ou de cette boisson qui m'a ranimée d'abord... mais mes yeux s'appesantissent et se ferment malgré moi.

MICAEL. C'est le sommeil qui vient... c'est la nature qui réclame et reprend ses droits... Le sommeil... c'est le bienfait réparateur que Dieu vous accorde... (*Baissant de plus en plus la voix.*) Laissez... laissez aller votre âme... à ce vague... qui la berce... Elle s'endort!... mais sa paupière s'agite... Elle souffre... Oh! ne la fuis pas, sommeil consolateur!... (*Bruit du vent.*) Et cet ouragan maudit qui peut la réveiller!... Mon Dieu!... (*s'agenouillant*) fais taire le vent... pour que mon enfant sommeille!... (*Se levant et la contemplant.*) Son front est plus calme... elle repose... Dors, ange passager qui m'effleures de ton aile... dors en paix... c'est ton père qui te garde... (*Il ôte sa peau de mouton et l'étend sur Paula. — Entendant de nouveau le bruit du vent.*) Et ce vent qui gronde sans cesse... si pour l'en préserver je cachais son front sous le capuchon de sa mante?... (*Il lève avec précaution le capuchon de la mante de Paula.*) Mais avant de couvrir ce front adoré... si j'osais le toucher de mes lèvres... Vous le verriez seul, mon Dieu!... nul ne le saurait dans ce monde... (*Tandis qu'il se penche pour embrasser Paula, Faustus paraît au fond.*) Mais on vient, je pense? (*Il laisse tomber le capuchon sur le visage de Paula, fait un pas et voit Faustus.*) Faustus!... (*Il prend instinctivement une hache.*) S'il la reconnaît, je le tue.

SCÈNE X.

MICAEL, PAULA, *endormie*, FAUSTUS.

FAUSTUS, *à Micaël.* Eh bien!... qu'ont-ils dit... que sais-tu?...

MICAEL. Ils ont dit...

FAUSTUS. N'ont-ils pas parlé d'une jeune femme dont ils sont séparés?

MICAEL. Le vent emportait... leurs paroles... et cependant, j'ai... compris qu'ils étaient, comme vous le dites, à la recherche de quelqu'un.

FAUSTUS, *à part.* Ils la cherchent encore...

MICAEL, *à part.* Comment l'éloigner?

FAUSTUS. Personne autre n'est venu?

MICAEL. Non...

FAUSTUS, *avec colère.* Mais c'est donc un défi de l'enfer!...

MICAEL, *à part.* Il va l'éveiller!... (*Il change sa hache de main.*)

FAUSTUS. Tout à l'heure... près d'ici, dans un chemin où la neige s'est amassée, j'ai remarqué les pas d'une femme... et...

MICAEL. Mon Dieu!...

FAUSTUS, *apercevant Paula qui dort.* Mais il y a quelqu'un, ici?...

MICAEL, *très-vivement.* C'est ma fille, maître, qui est endormie là...

FAUSTUS. C'est ta fille?

MICAEL. Vous avez raison, oui... elle est venue par ce chemin... ce sont ses pas que vous avez vus dans la neige...

FAUSTUS. Ah! ce sont les siens?

MICAEL. Comment l'éloigner?

FAUSTUS. Je veux lui demander par quelle route elle est venue... Eveille-là!...

MICAEL, *à part, avec inquiétude.* Mais où la conduirai-je?... pas d'asile... pas d'asile...

SCÈNE XI

MICAEL, PAULA, LE GUIDE.*

LE GUIDE, *qui a paru, et cherchant comme la trace des pas. — Voyant Paula.* Ne vous êtes-vous pas, madame, perdue dans la montagne?

MICAEL, *vivement, et se mettant entre eux.* Non!... pourquoi?

LE GUIDE, *à part, en examinant le portrait.* Pourtant ces traits!... (*Haut.*) Je suis envoyé par le docteur Richard.

PAULA. Richard!

MICAEL, *inquiet.* Quel est cet homme, mademoiselle?

PAULA. Mon fiancé...

MICAEL, *à part.* Lui... qui accompagnait la comtesse.

LE GUIDE. Et pour que vous consentiez à me suivre sans crainte et sans retard, il m'a chargé de vous remettre ce portrait que votre mère lui a confié. (*Il lui donne le portrait.*)

*PAULA, *allant le prendre.* Mon portrait, qui n'avait jamais quitté ma mère!

MICAEL. Son portrait!...

PAULA, *au Guide.* Où devez-vous me conduire?

LE GUIDE. Jusqu'à un traîneau, qui vous attend près d'ici.

PAULA. Je suis sauvée!

MICAEL, *avec joie.* Sauvée!...

PAULA, *au Guide.* Et monsieur Richard... où est-il?

LE GUIDE. Il vous cherche de son côté, dans la montagne... mais, rassurez-vous, deux coups de feu que je dois tirer sur la route lui apprendront que j'ai pu vous joindre, et détruiront ses inquiétudes.

MICAEL. Partez, mademoiselle... partez. (*Le Guide monte au fond.*)

PAULA, *à Micael.* Et que ferai-je pour vous, qui m'avez prêté votre assistance?

MICAEL. Pour moi?... Ah! si j'osais.

PAULA. Eh bien!

MICAEL, *vivement.* Rien!... Hâtez-vous!... Si Faustus arrivait?

PAULA, *effrayée.* Faustus!... Par quel chemin...

MICAEL, *conduisant au fond.* Par ici, mademoiselle. (*Il la remet au Guide sur le bras duquel Paula s'appuie... elle tend la main à Micael, qui l'embrasse avec le affection; Paula disparaît avec le Guide... Micael la suit du regard en pleurant.*)

SCENE XII

MICAEL, *puis* FAUSTUS.

MICAEL, *suivant Paula du regard.* Adieu... moitié de mon âme, que le destin m'enlève... (*Avec une terreur subite.*) Si Faustus l'apercevait du haut de ce phare?... s'il croyait la reconnaître? (*Rentrant sous la toiture.*) Mettons-nous là sur son passage... Je l'entends... le voici!... sitôt?... Il n'a pu la voir!... (*Bruit de vent dans la montagne pendant toute cette scène.*)

FAUSTUS, *qui vient d'entrer.* Tu es seul?

MICAEL. Ma fille est allée joindre sa mère... qu'elle veut atteindre avant la nuit... Eh bien! maître, avez-vous pu voir, enfin?

FAUSTUS, *très-sombre.* Rien que de lourds nuages qui s'amassent dans la montagne.

MICAEL. Je crois, en vérité, que vous poursuivez un fantôme... et que la femme que que vous cherchez n'existe que dans votre imagination.

FAUSTUS. Je voudrais qu'il en fût ainsi... (*Il s'assied pensif sur la pierre.*) Paula aurait-elle enfin réussi à gagner la Suède?... m'échapperait-elle?... (*Il reste accablé.*)

MICAEL, *à part, avec espoir.* Ils s'éloignent toujours... (*On entend un coup de feu.*)

FAUSTUS. Qu'est cela? (*Il prête l'oreille.*)

MICAEL, *très-calme, à part.* C'est le guide qui prévient le fiancé de Paula.

FAUSTUS, *à Micael.* Quel peut être ce coup de feu?

MICAEL, *avec indifférence.* Quelque chasseur, sans doute?...

FAUSTUS, *à part.* Si c'était!... (*Deuxième coup de feu. — Se levant.*) Mon Dieu!...

MICAEL, *à part.* Oui... c'est bien le signal.

FAUSTUS, *à part.* Les deux coups de feu du guide... Il a donc trouvé Paula? (*A Micael, avec agitation.*) Dis-moi?

MICAEL. Maître?

FAUSTUS. Quelle distance d'ici à Saint-Jean?

MICAEL. Quatre lieues.

FAUSTUS, *à part, en traversant la scène.* J'y serai dans une heure avec elle.

MICAEL, *interrogativement.* Vous voulez descendre à Saint-Jean?

FAUSTUS. Oui. (*A part.*) Mais elle pourrait me reconnaître... Ah! ceci... (*Haut.*) Je prends cette peau de mouton pour me garantir de la neige... (*Il la ramasse.*)

MICAEL. Mais...

FAUSTUS, *lui donnant sa bourse.* Silence, moujick... voilà ma bourse; tu en achèteras une autre. (*Il sort très-agité et prend le même chemin que le Guide.*)

MICAEL, *jetant la bourse.* Sa bourse... elle me porterait malheur.

SCÈNE XIII

MICAEL, *puis* TOLAPP.

MICAEL. Il court à Saint-Jean... tandis que Paula va rejoindre la comtesse... Il rentre en Russie quand elles se dirigent vers la Suède... Allons... le sort les sépare... (*Bruit lointain de l'avalanche.*) Quel est ce bruit?... Ce ne peut être le fracas de l'avalanche?... Non!... les canons du rempart nous auraient prévenus depuis longtemps. (*Même bruit, plus fort.*)

Et pourtant je reconnais bien le bruit sourd des neiges qui se détachent au loin... (*Il monte regarder dans le fond.*) Oui... les torrents s'amassent... les neiges se fondent... (*Avec inquiétude.*) Et pas de signal!... La citadelle a donc été surprise par l'avalanche?... Mon Dieu!... ceux qui habitent dans les fonds... vont être encore inondés... (*revenant en scène*) et l'imprudent Faustus qui descend à Saint-Jean!..

MICAEL. L'éveiller!... Non!... non!... La pauvre fille souffre d'un mal qui me désole... le sommeil est bien rare pour elle, qu'une fièvre constante dévore... et la réveiller... serait réveiller sa douleur.

FAUSTUS, *avec l'accent du doute.* Et c'est ta fille, dis-tu?

MICAEL, *se mettant près d'elle.* Que l'avalanche m'engloutisse avec elle!... Que Dieu fasse de son sommeil son repos éternel... si je ne dis pas la vérité... C'est ma fille!... Est-ce que vous ne voyez pas à mon agitation... l'inquiétude d'un père qui tremble pour son enfant?

FAUSTUS, *le considérant.* En effet... ton visage, qui se contracte, tes yeux, qui se remplissent de larmes...

MICAEL. C'est que je l'aime!... et, pour la conserver... j'ai si peur de la perdre...

FAUSTUS, *descendant la scène en songeant.* Toujours la déception...

MICAEL, *à part.* Comment donc l'éloigner?

FAUSTUS, *pensif.* Si la nuit vient encore...

MICAEL. Mais j'y songe, monseigneur... Si vous croyez qu'une autre femme est passée près d'ici, vous pouvez vous en convaincre...

FAUSTUS. Comment?

MICAEL, *vivement.* Les pas, que la neige qui tombe n'a pas encore effacés, sont bien récents... celle qui en a laissé l'empreinte ne peut être loin... et du haut de cette tour, on voit au loin l'espace...

FAUSTUS. C'est une idée!... Je veux y monter... et voir. (*Il se dirige vers la porte de la tour.*)

MICAEL, *l'accompagnant.* Hâtez-vous!... l'obscurité va bientôt effacer l'horizon... (*Il lui ouvre la porte.*) Allez!... (*Faustus entre dans la tour, il referme la porte. — Jetant sa hache à terre.*) Soyez béni, mon Dieu!... qui m'épargnez un meurtre!... (*Se rapprochant de Paula.*) Il faut que je l'éveille. (*S'arrêtant.*) Mais le sommeil, pour elle, c'est peut-être la vie, et pourtant il faut bien que je la fasse partir... (*Découvrant le visage de Paula et élevant la voix.*) Ouvrez vos yeux, mon enfant!... et chassez ce rêve qui vous effrayait!

PAULA, *regardant autour d'elle.* C'est le réveil qui m'épouvante... Je reposais!... (*Elle veut redormir.*) Laissez-moi dormir!...

MICAEL. Non, mon enfant, non... car un homme dont la vue vous ferait frémir, et qui se nomme... Faustus.

PAULA, *se dressant.* Faustus!...

MICAEL. Doit y venir...

PAULA, *se levant.* Je veux le fuir...

MICAEL, *l'amenant sur le devant de la scène.* Mais plus seule... non!... Je ne vous quitterai pas, moi!...

PAULA. Vous?

TOLAPP, *qui vient d'entrer précipitamment.* Ah! mon ami... si tu savais...

MICAEL. Qu'y a-t-il?

TALAPP. Tu ne devinerais jamais qui je viens de rencontrer près d'ici?...

MICAEL. Qui donc?

TOLAPP. La comtesse Alexandra et le jeune Français qu'elle destine à sa fille.

MICAEL. Ils cherchaient mademoiselle Paula, n'est-ce pas?

TOLAPP. Comment, tu sais?

MICAEL. Et c'est pour la disputer à son rival que le prince est venu dans ce pays?...

TOLAPP. Mais qui t'a dit?...

MICAEL, *vivement.* Soit rassuré, Tolapp... Mademoiselle Paula sera bientôt rendue à la comtesse.

TOLAPP. Tu l'as donc vue?

MICAEL. Elle était ici tout à l'heure... quand le guide est venu.

TOLAPP. Quel guide?

MICAEL. Le guide envoyé près d'elle par son fiancé.

TOLAPP. Monsieur Richard n'a envoyé aucun guide.

MICAEL. Monsieur Richard? Mais si!... puisque ce guide, qui venait de sa part, apportait pour gage de sa sincérité, un portrait de mademoiselle Paula, qui venait de la comtesse.

TOLAPP. Un portrait de mademoiselle Paula?

MICAEL. Oui...

TOLAPP. Mais Faustus en avait un que je lui ai vu bien souvent dans les mains.

MICAEL. Que dis-tu?

TOLAPP. Ce guide était un jeune homme?

MICAEL. Oui.

TOLAPP, *effrayé.* Mon Dieu!... Où devait-il conduire mademoiselle Paula?

MICAEL. A un traîneau.

TOLAPP. Peut-être celui du prince, que j'ai laissé près d'ici par son ordre. (*Il monte regarder dans l'espace. Micaël le suit avec anxiété.*) Tiens!... le vois-tu... qui disparait là-bas, sur la route de Saint-Jean?

MICAEL. Malheur!...

TOLAPP. Il emporte la pauvre fille!...

MICAEL, *avec terreur.* Paula!... Je veux courir.

TOLAPP, *le retenant.* Mais tu ne pourras pas les atteindre!

MICAEL, *revenant en scène avec délire.* Non... Que faire? que faire?

TOLAPP. Il faut faire savoir à la comtesse que le prince Faustus veut lui voler sa fille. Viens!...

MICAEL. La comtesse n'y pourrait rien!... Paula est une fille esclave que le prince veut contraindre au servage!...

TOLAPP. Mademoiselle Paula!...

MICAEL, *en délire.* Et cet infâme qui l'entraîne!... Et l'avalanche qui la menace!...

TOLAPP. L'avalanche?

MICAEL, *résolu.* Adieu, Tolapp!...

TOLAPP, *l'arrêtant.* Que veux-tu faire?

MICAEL. Tâcher d'arriver aux canons du rempart...

TOLAPP. Et le précipice qui nous en sépare?...

MICAEL. Je pourrai peut-être le franchir.

TOLAPP, *lui barrant le passage.* Mais tu succomberas, sans défendre la pauvre enfant!

MICAEL, *avec âme.* Eh bien!... Si je ne puis la défendre... qu'ai-je à faire?... Si ce n'est monter vers Dieu, et l'implorer pour elle... Adieu!...

TOLAPP, *se cramponnant à lui.* Oh! Je ne te quitterai pas.

MICAEL. Viens donc! (*Il monte au fond, on entend éclater l'avalanche, bruit effroyable. Micael, épouvanté, fait un pas en arrière, puis il se décide à descendre dans le gouffre, malgré le fracas qui redouble... et Tolapp, résolu, se décide à l'y suivre tandis que le rideau tombe.*)

FIN DU DEUXIÈME ACTA.

ACTE TROISIÈME

Un salon très-splendide du château d'Arkangel. Au fond, trois grandes portes ouvertes donnant dans une autre pièce également luxueuse; portes latérales à droite et à gauche, riche ameublement, une table riche sur le premier plan, à droite : sur la table, papier, plume, encrier. — Au lever du rideau, la second pièce est remplie de serfs et serves, Fédor, qui était au milieu d'eux, entre en scène.

—

SCÈNE PREMIÈRE

FÉDOR, *puis* FAUSTUS.

FÉDOR. Enfin, après tous nos périls et nos voyages, le château d'Arkangel vient de reprendre sa physionomie accoutumée... Des serfs dans les antichambres, des valets aux portes et des sentinelles au dehors. (*Voyant que les serfs se rangent et se découvrent.*) Voici le prince Faustus!... (*Faustus, vêtu de noir et decoré d'un ordre en diamants, parait dans la seconde pièce, puis redescend pensif en scène. — S'approchant de lui.*) Vous semblez être soucieux, prince?

FAUSTUS, *désignant au fond.* Qu'on ferme ces portes. (*Fédor fait fermer les trois grandes portes ouvertes au fond, et se rapproche de Faustus.*) Tu n'as pas entendu parler de la comtesse Alexandra?

FÉDOR. Non, prince... et cependant voilà bientôt trois jours qu'elle est de retour à Arkangel.

FAUSTUS. C'est étrange!... Fais venir Paula... et qu'on me laisse. (*Fédor sort.*) Par qui donc peut-elle avoir des nouvelles de... sa prétendue fille? (*Fédor rentre par la porte latérale de droite, et fait entrer Paula, qui vient accompagnée de deux serves.— Il sort par le fond. — Sur un geste du prince, Paula s'assied près de la table; sur un autre geste, les deux serves sortent à droite. — Examinant Paula, à part.*) Plus belle encore dans sa douleur! (*Paula ouvre un livre qu'elle tient à la main, et se met à lire.*) Hier, Paula, vous m'avez demandé deux jours pour décider vous-même de votre sort, puisque vous ne voulez pas que j'en sois l'arbitre... (*Silence de Paula.*) Vous ne me répondez pas?... Quel est donc ce livre qui fixe ainsi votre attention?...

PAULA. C'est le Code du servage.

FAUSTUS. Que vous importent ces lois de la servitude, à vous qui pouvez devenir princesse et souveraine?...

PAULA. Demain, prince, vous saurez ma résolution.

FAUSTUS. Demain!... Vous ne prolongeriez pas ainsi mon martyre... Paula... si vous saviez combien je souffre... et combien je vous aime. (*Paula, qui ferme son livre, et le pose sur une table, regarde Faustus avec une sorte de surprise.*) Oh! ne me regardez pas ainsi, avec le sourire du doute et de l'incrédulité... Est-ce que vous ne voyez pas que si je vous menace du servage... c'est que je crains de perdre, non pas la serve inutile... mais la femme sans laquelle la vie m'est impossible!... Durant ce voyage que l'inondation rendit si pénible, quand le canon d'alarme et le tocsin nous annonçaient le péril, est-ce que vous n'avez pas vu que vos dangers et que vos pleurs brisaient mon âme?...

PAULA. Vous vous méprenez, prince, sur le sentiment qui vous anime; c'est à son dévouement qu'on reconnaît l'amour. Vous dites que vous m'aimez... et vous tuez ma mère!

FAUSTUS. Paula!...

PAULA. Vous dites que vous m'aimez... et vous marchez sans pitié sur la cendre de toutes mes joies éteintes... (*Se levant.*) J'ai donc à choisir entre le servage, qui humilie, ou votre amour, qui épouvante. En choisissant le servage, je ne frapperai que moi seule.

FAUSTUS. Le servage!... Vous pouvez raisonner ainsi, pauvre fille ignorante des peines de la servitude. Vous oubliez donc que votre mère succombait sous le fardeau quand elle avait votre âge?...

PAULA. La mort!... N'est-ce pas la fin de toutes les vanités et de toutes les souffrances?

FAUSTUS. Paula!... quand vous parlez ainsi, ce n'est plus la colère qui m'anime... (*avec déchirement*) c'est le désespoir qui m'accable, car vous pouvez être, je vous le dis, mon tourment ou ma joie.

FÉDOR, *entrant au fond.* Prince!

FAUSTUS. Qu'est-ce?

FÉDOR. Madame la comtesse Alexandra!

PAULA. Ma mère!... Oh!... Je ne veux pas la voir... Je puis supporter mon supplice, mais je ne pourrais assister au sien.

FAUSTUS, *la conduisant à droite.* Vous pouvez vous retirer, Paula, et n'oubliez pas que votre maître... aspire à devenir votre esclave...

PAULA, *avec invocation.* Mon Dieu!... Consolez ma mère! (*Elle entre à droite.*)

FAUSTUS, *à Fédor.* Fais entrer la Comtesse. (*Fédor sort.*) Que de résignation dans ses reproches! Que de charme dans tout son être!... Et la Comtesse que j'oubliais... Elle vient enfin!. . (*Il remonte la scène, voyant paraître la Comtesse et s'inclinant.*) J'allais mettre mes hommages aux pieds de madame la Comtesse. (*Voyant paraître Bernard.*) Pourquoi monsieur Bernard?

SCÈNE II.

LA COMTESSE, BERNARD, FAUSTUS.

BERNARD. Madame la Comtesse n'a plus son enfant pour la consoler et la soutenir... J'ai dû lui offrir le bras d'un honnête homme.

FAUSTUS, *à la Comtesse.* Veuillez vous asseoir, madame... (*A part en l'observant.*) Quelle pâleur!...

*LA COMTESSE, *après s'être assise à gauche avec une grande émotion.* Prince... je ne viens pas discuter la légalité de vos droits sur Paula.

FAUSTUS, *vivement.* Vous le tenteriez en vain, madame. J'ai depuis longtemps recueilli, au bourg des Falaises, l'acte de naissance de Paula, issue du mariage de Micaël et de Matréna, mes serfs.

LA COMTESSE. En un mot, je viens vous dire qu'au lieu d'engager avec vous de longs et douloureux débats... je suis prête à vous reconnaître pour le maître de la pauvre enfant... mais à une condition.

FAUSTUS. Laquelle, madame?

* La Comtesse, Faustus, Bernard.

LA COMTESSE. C'est que vous me vendrez ma fille.

FAUSTUS. En Russie... madame, on ne vend pas ses esclaves.

LA COMTESSE. Vous savez bien... que chaque jour, des serfs y sont échangés, hypothéqués ou vendus, prince! J'ai deux domaines en Suède, j'ai conservé les diamants que mon époux m'a rapportés de la Perse et des Indes. Eh bien!... Prenez tout, Prince. (*Pleurant.*) Je suis prête à vous en signer l'abandon pour le prix de mon enfant!

BERNARD, *à part.* Pauvre femme!

FAUSTUS. Votre générosité me touche, madame, mais votre douleur m'étonne, car vous n'ignorez pas que j'offre de m'associer ma serve en devenant à la fois son époux et son maître.

LA COMTESSE. Paula, qui aime le fils de monsieur Bernard, ne pourrait consentir...

FAUSTUS, *avec insinuation.* Il n'y a que vous, madame, qui pouvez user de votre influence pour la déterminer à...

LA COMTESSE, *l'interrompant et se levant.* Jamais!... prince... Jamais!

FAUSTUS. Vous aimeriez donc mieux la voir ma serve... que ma femme?...

LA COMTESSE. Oui... Prince... (*Avec larmes.*) En voulant étouffer la première affection de son cœur, nous tuerions la pauvre fille. (*Pleurant.*) Et vous ne pouvez me demander sa vie!...

FAUSTUS, *à part.* Malheur!

BERNARD, *s'avançant avec émotion.* Prince!... vous tenez entre vos mains l'existence d'une mère, et celle de deux enfants... Je suis un vieux soldat qui n'ai jamais courbé le front devant la mitraille... Eh bien!... je m'incline devant vous en suppliant pour eux.

FAUSTUS. Impossible... monsieur.

BERNARD. C'est les larmes aux yeux que je vous conjure, prince, en vous demandant... le salut de toute une famille éplorée..... Prince.....

PAULA, *qui est entrée par la gauche, pendant la dernière phrase.* Ne suppliez pas, monsieur Bernard.

BERNARD, FAUSTUS ET LA COMTESSE. Paula!

SCÈNE III.

LES PRÉCÉDENTS*, PAULA.

PAULA, *allant à Bernard.* Ne vous humiliez plus, capitaine... (*A la comtesse.*) Je sais maintenant, ma mère, que vous souffrirez moins en me voyant la serve que la femme du Prince... Et j'en remercie Dieu... puisque cela me permet d'accepter le servage.

*LA COMTESSE. Paula!

PAULA, *allant à la Comtesse.* Le servage... qui peut dégrader la nation qui l'inflige... ne saurait déshonorer la malheureuse fille que le sort y condamne, et j'en prendrai la livrée... sans honte et sans faiblesse!... On me défendra de vous suivre, ma mère, mais vous êtes libre, et l'on ne saurait vous empêcher de m'accompagner et d'essuyer mes pleurs... Courage, ma mère!... l'affection

* Comtesse, Faustus, Paula, Bernard.

nous reste, et l'avenir nous vengera! (*A Faustus qui la regarde.*) Oui, Prince, telle est la prédiction de celle qui préfère la servitude à votre alliance... Et maintenant la Serve est à vos ordres... Dites!... à quel pénible travail m'avez-vous condamnée?... A quelles humiliations voulez-vous me contraindre?... Sous quel fardeau, enfin, comptez-vous me fairemourir?... (*Faustus reste calme.*)

LA COMTESSE. Tu as raison, mon enfant, l'amour de ta mère te suivra comme ton ombre... partout je pourrai réchauffer tes membres glacés.

PAULA. Partout, ma mère, vous pourrez me donner le baiser maternel... Courage... il faut nous séparer.

LA COMTESSE. Oui... pour nous revoir bientôt.

PAULA. Adieu, ma mère.

LA COMTESSE. Adieu, ma fille!...

PAULA, *d'une voix résignée.* Maintenant, madame la comtesse, la serve va vous conduire jusqu'au seuil du palais. (*Elle s'incline. La comtesse monte lentement à la porte, se retourne avec un sanglot, et Paula tombe éplorée dans ses bras.*)

BERNARD, *qui s'est approché de Faustus.* Si nous étions en France, monsieur, avant une heure... je vous tuerais en duel.

FAUSTUS, *s'emportant.* Quand on a fait la maladresse de quitter un si beau pays... monsieur... on se hâte d'y retourner.

BERNARD. J'y retournerai, monsieur, sitôt que la comtesse sera vengée.

FAUSTUS. Que voulez-vous dire?

BERNARD. Rien, pour l'instant! (*Montant vers la comtesse.*) Voici mon bras, madame la comtesse. (*Il prend le bras de la comtese. A Paula, avec conviction.*) Dieu, mon enfant, vous gardera vos amis... Venez, madame! (*Comprimant un mouvement de fureur.*) Ah!... venez!... (*Il sort, emmenant la comtesse. Paula les suit respectueusement.*)

SCÈNE IV

FAUSTUS, *seul.*

Leurs énergiques résolutions, que j'avais prévues, ne sauraient m'effrayer ou me surprendre. La comtesse a reconnu mes droits sur Paula, qui se résigne... Allons! tout va bien... Je suis sûr maintenant qu'elle ne sera jamais l'épouse de Richard... qu'elle ne sortira plus de mes domaines,... c'est la première moitié de ma conquête... le temps m'apportera la seconde... Ce n'est donc plus de l'énergie qu'il me faudra désormais... c'est de la patience.

SCÈNE V

FAUSTUS, TOLAPP, *puis* MICAEL.

TOLAPP, *qui vient d'entrer par le fond, à part.*) Abordons-le franchement. (*Haut.*) Prince...

FAUSTUS, *comme se réveillant.* Hein! quoi?..

TOLAPP. Excusez ma hardiesse... mais je n'ai pu résister aux instances d'un homme qui demande à s'approcher de vous.

FAUSTUS. Que veut-il?

TOLAPP. Je ne sais.

FAUSTUS. Son nom?

TOLAPP. Il ne me l'a pas dit.

FAUSTUS. Sa condition?

TOLAPP. Serf... je crois.

FAUSTUS. Je ne puis le voir... qu'on me laisse... (*Revenant à son idée.*) Et à force de patience...

TOLAPP. Prince!... Son insistance est grande et...

FAUSTUS. Que Fedor lui fasse l'aumône et qu'il parle.

TOLAPP, *à part.* Ça ne ferait pas notre affaire.

FAUSTUS, *toujours songeur.* J'entourerai ma serve de tant de prévenances... que les secours de la comtesse deviendront superflus.

TOLAPP. J'ai voulu d'abord le conduire auprès de maître Fedor.

FAUSTUS. Encore là!... Je t'ordonne d'aller dire à cet homme que je lui défends...

MICAEL, *paraissant.* Il me le dirait trop tard, monseigneur...

FAUSTUS, *le regardant.** Tu as osé?... sans ma permission!...

MICAEL, *très-agité.* Je l'attendrais en vain... et le malheur qui nous menace...

FAUSTUS, *avec impatience.* Un malheur qui te menace ne pourrait m'atteindre...

MICAEL. Peut-être, prince, et quand vous saurez...

FAUSTUS, *l'interrompant.* Je ne veux rien savoir, va-t'en!... (*Il va vers la table.*)

MICAEL, *suppliant.*** Une seule minute d'attention... Monseigneur.

FAUSTUS, *furieux.* Mais c'est donc un défi!..

MICAEL, *suppliant.* C'est une prière.

FAUSTUS, *s'emportant.* Que je punirai comme un outrage... si tu ne sors à l'instant!...

MICAEL, *avec résolution.* Je ne sortirai pas que vous ne m'ayez entendu!...

FAUSTUS, *tremblant de colère et montant à la porte.* Ah! tu me braves!... A moi... Fedor!... du monde!... des soldats!... (*Fedor accourt suivi de valets, de serfs, qui ouvrent les portes du fond, et, derrière eux, des soldats. — Micael, qui rencontre Tolapp, lui donne furtivement la main.*)

SCÈNE VI

LES PRÉCÉDENTS, FEDOR, SERFS, VALETS, SOLDATS

FAUSTUS, *avec une colère fébrile.* Votre maître vient d'être insulté, défié par ce serf insolent que je condamne au knout. (*Mouvement de tous les serfs.*)

MICAELS. Le knout!... qui mutile et ne tue pas toujours... Non!... je veux la punition moins vile... et la mort plus certaine... et, pour la mériter... quand je subis le dédain d'un maître injuste et sans pitié... (*Allant à lui le poing fermé.*) Je me vengerais sur lui... (*Se contraignant.*) si je ne craignais d'offenser la noblesse qu'il déshonore. (*Mouvement de tout le monde.*)

FAUSTUS. Mais... tu es donc las de vivre?

MICAEL. Peut-être... et je ne demande que le choix de mon supplice.

FAUSTUS. Comment veux-tu mourir?

MICAEL. J'ai fait la guerre autrefois... j'ai porté l'uniforme... je désire être fusillé...

FAUSTUS. Nous ne te ferons pas attendre. (*A un officier qui est près de la porte au fond.*) Lieutenant de service!... vous me répondez de cet homme... et l'ordre de le mettre à mort... je vais vous le signer... (*Il va à la table et s'assied pour écrire.*)

* Faustus, Micaël, Tolapp.
** Tolapp, Micaël, Faustus.

MICAEL, *à part.* S'il savait ce qu'il va signer!...

FAUSTUS, *écrivant.* Pour crime de rébellion, nous condamnons à mort... le nommé... (*A Micael.*) Quel est ton nom?

MICAEL, *allant à lui.* Je vais vous le rappeler, monseigneur... C'est à moi qu'autrefois la comtesse Alexandra avait donné son fils en garde... son fils caché... que j'appelais mon petit Paul.

FAUSTUS, *surpris.* Paul?

MICAEL. Vous savez, prince... l'enfant de la comtesse, qui est mort... par accident... brûlé...

FAUSTUS. Comment?

MICAEL. C'était moi, le mari de Matrena, la Serve... et le père de Paula... qui vint au monde au bourg des Falaises...

FAUSTUS, *à part.* Le père de Paula?

MICAEL, *confidentiellement.* De Paula, que vous aimez jusqu'au délire.

FAUSTUS, *se levant.* Comment sais-tu?...

MICAEL. Oh! je sais cela, et bien d'autres choses encore que je venais vous confier... mais vous avez refusé de m'entendre... vous avez pris mon insistance pour un outrage... et je vais mourir quand vous aurez signé ma condamnation. (*Il s'éloigne de Faustus.*)

FAUSTUS, *après s'être rapproché de lui.*) Qu'avais-tu donc à me dire?

MICAEL, *après avoir regardé les assistants.* Il y a trop de monde ici pour que je vous fasse une confidence.

FAUSTUS, *à part.* Le père de Paula!... (*A Fédor.*) Fédor, fais sortir tout le monde!... (*Pendant la sortie des serfs, il parle bas au lieutenant, qui s'incline. — Tout le monde sort.*)

TOLAPP, *sortant le dernier.* Le prince n'a pas encore signé... (*Les portes du fond se referment.*)

FAUSTUS, *à part.* Son père!... (*Fédor qui est resté en scène s'approche au milieu pour écouter la conversation, Micaël lui fait signe qu'il doit se retirer. Fédor fait un geste de mépris et consulte du regard Faustus qui le renvoie brusquement du geste; Fedor, désappointé, sort par le fond.*)

SCÈNE VII

FAUSTUS, MICAEL.

FASTUS.* Nous sommes seuls... parle... je t'écoute.

MICAEL, *avec humilité.* Vous devinez maintenant, prince, que le père de Paula venait vous implorer pour sa fille.

FAUSTUS. Que veux-tu donc?

MICAEL. Vous supplier de ne pas la contraindre au servage... Prince!... (*Se jetant à genoux.*) Je tombe à vos genoux...

FAUSTUS. C'est ta fille qui t'envoie?

MICAEL, *à genoux.* Non!... Elle ignore que j'existe; la vue de son père lui rappellerait sa destinée fatale, et c'est à son insu que je viens, pleurant, me traîner à vos pieds...

FAUSTUS, *à part.* Encore!...

MICAEL, *toujours à genoux, et avec larmes.* Au nom de l'humanité, monseigneur, pour votre salut dans ce monde et dans l'autre, grâce et pitié pour elle!...

FAUSTUS, *impatient.* Assez!...

MICAEL. La servitude serait sa mort...

* Faustus, Micaël.

FAUSTUS. Erreur!...

MICAEL, *suppliant.* Et vous lui donneriez la vie en lui donnant la liberté.

FASTUS. La liberté?... jamais!

MICAEL, *insistant.* Mais, mon prince...

FASTUS, *avec violence.* Jamais! te dis-je!...

MICAEL, *se levant et avec résolution.* Vous vous trompez, monseigneur! car Paula sera libre avant la fin du jour, et c'est vous qui allez signer son affranchissement.

FAUSTUS. Moi?

MICAEL. Vous avez donc oublié la ville de Saint-Jean, l'avalanche et le canon du rempart?

FAUSTUS. Non.

MICAEL. Vous devez vous souvenir aussi que, lorsqu'il y a cinq ans, une inondation de la Néva ravageait Saint-Pétersbourg...

FAUSTUS. Eh bien?

MICAEL. L'Empereur offrit à ceux des serfs qui se dévoueraient pour le salut commun, une liberté qui serait après eux transmissible à leurs enfants?

FAUSTUS. Je m'en souviens. Mais quel rapport peut avoir cette vieille histoire avec ta fille?

MICAEL, *lui présentant un papier qu'il vient de déplier.* La lecture de cet arrêt de Sa Majesté l'Empereur va vous le dire.

FAUSTUS, *le prenant, et lisant.* « Nous, Ni-» colas Ier, à tous présents et à venir, salut! » (*Parlant.*) Qu'est cela?

MICAEL. La copie d'un ukase de l'Empereur.

FAUSTUS, *lisant.* « Attendu que le serf qui a » atteint au péril de sa vie le rempart de la » Sauve-Garde, et donné, pendant la tempête, » le signal d'alarme à la population de notre » ville de Saint-Jean, a mérité la même ré-» compense que ceux qui combattirent l'inon-» dation dans notre capitale... Nous arrêtons : » Que le serf Micaël... » (*Parlant.*) C'était donc toi?

MICAEL. C'était moi.

FAUSTUS, *continuant la lecture.* « Jouira dès » ce jour de la liberté que notre impérial vou-» loir déclare transmissible à... ses enfants... » (*Avec terreur.*) Ses enfants!...

MICAEL, « Qui, au jour du décès de leur » père, seront à leur tour affranchis du ser-» vage... »

FAUSTUS, *tremblant.* Comment! ta fille?...

MICAEL. Héritera, quand vous m'aurez fait fusiller, de la liberté dont m'a doté l'Empereur.

FAUSTUS. Mon Dieu!... (*Il reste atterré, Micaël lui reprend le papier qu'il remet dans sa ceinture.*)

MICAEL, *présentant à Faustus la plume qu'il vient de prendre sur la table.*) Hâtez-vous donc de signer mon arrêt... Les armes sont chargées, le temps presse, et Micaël, qui vous suppliait tout à l'heure, n'a plus rien à vous dire. *Faustus avance la main pour prendre la plume, et s'arrête pensif.*) Vous hésitez?... Vous voudriez me tuer et me laisser vivre... mais cela ne se peut pas... Signez!... (*Silence de Faustus. — Jetant la plume sur la table.* Vous hésitez encore?... Vous n'aviez pas prévu, n'est-ce pas? que vous ne sauriez frapper le père sans délivrer la fille?... et que je pourrais vous menacer à mon tour, moi! que le ciel envoie juste à temps pour empêcher que ma fille subisse la volonté d'un infâme?...

FAUSTUS, *s'emportant.* Encore l'outrage!...

MICAEL. Vengez-vous!... Tuez le père qui vous brave, et mariez les enfants qui s'adorent... Faut-il appeler les soldats?... (*Il monte à la porte.*)

FAUSTUS, *effrayé.* Attends!... attends!... (*Il passe.*)

MICAEL.* Et si je ne voulais pas attendre?...

FAUSTUS, *tremblant de colère.* Tu ne crains donc pas que j'étouffe, dans la colère qui me transporte, l'amour qui m'a retenu jusqu'alors?...

MICAEL, *revenant.* Je vous en défie!

FAUSTUS. Tu m'en défies? Eh bien... *Il prend la plume, va pour signer.... et s'interrompt avec un geste de colère concentrée.*)

MICAEL, *qui l'a suivi du regard.* Quand un cœur blasé s'attache à la vertu d'un ange... l'enfer est de la partie... et cet amour vous consumera lentement quand Paula sera l'épouse d'un rival.

FAUSTUS. Elle ne l'est pas encore!... héritière de ton affranchissement... elle ne peut devenir libre que si tu meures... et j'ai le droit de grâce... (*Il jette la plume sur la table.*)

MICAEL. Croyez-vous donc que je vous laisserai, vous, juge impuissant, absoudre ou condamner l'innocente?... N'ai-je pas aussi le droit de disposer de ma vie.

FAUSTUS. Non!... Dieu défend le suicide...

MICAEL. C'est vrai!... mais quand de pauvres enfants se débattent dans les flammes, n'ordonne-t-il pas à leur père d'aller mourir dans l'incendie pour sauver sa famille... et ne voyez-vous pas que Dieu me montre du doigt ma fille qui est en péril... tenez, maître! Je vous conseille, en vérité, de faire périr au plus tôt l'ancien serf, qui peut maintenant vous défier et vous braver.

FAUSTUS, *avec hauteur.* Toi? me braver!...

MICAEL, *avec noblesse.* Certainement!... puisque le fouet de vos valets ne peut pas faire couler mon sang!...

FAUSTUS, *à part.* Malédiction!... (*Il traverse la scène avec agitation.*)

**MICAEL, *très-calme.* Quand je ne serai plus, monseigneur, ou vous laisserez Paula à la comtesse, qui la mariera à Richard, ou bien, prouvant qu'elle était la fille du serf Micaël, vous la proclamerez libre d'épouser ce même Richard qu'elle aime... mais enfin, vous choisirez... (*Il monte à la porte du fond... s'arrêtant.*) Vous avez voulu que le trépas du père devînt le seul refuge de sa fille condamnée... Eh! bien, soit!... à mon enfant... la vie... la liberté... l'amour et l'avenir... Micaël, son père, va sans hésitation se préparer à la mort... (*Il ouvre la porte*). N'oubliez pas qu'il attend! (*Il sort.*)

SCÈNE VIII

FAUSTUS, *puis* FÉDOR.

FAUSTUS. Eh bien! Micaël ressuscité, je ne le crains pas plus que les autres... Puisque je veux faire ta fille princesse d'Arkangel... Je saurais bien te décider à vivre... Il a la liberté... Je lui donnerai la richesse... (*Avec une colère concentrée.*) La richesse!... à lui!... qui vient de m'insulter devant tous.

FÉDOR, *entrant.* Maître, je viens vous annoncer...

FAUSTUS. Quoi donc?

FÉDOR. La visite du docteur Richard...

FAUSTUS. L'amant aimé!...

FÉDOR. Et je ne sais si vous consentirez....

FAUSTUS. Que veut-il?... me provoquer... qu'il vienne!...

FÉDOR. Vous voulez?

FAUSTUS. Qu'il vienne, te dis-je!...

FÉDOR. Je vais l'amener.

SCÈNE IX

FAUSTUS, *puis* RICHARD.

FAUSTUS. Il a mal choisi son heure... (*Il va s'asseoir près de la table*). Je sens que je serais heureux de le tenir en face de mon épée... et s'il m'appelle en duel...

*RICHARD *entre par le fond, conduit par Fédor qui ressort en refermant la porte.* Prince..., je viens solliciter un moment d'entretien...

FAUSTUS, *insolemment.* Au fait... monsieur... quelle menace ou quel défi m'apportez-vous?

RICHARD. Vous allez savoir l'objet de ma visite : Mademoiselle Paula est devenue votre serve... et madame la comtesse s'est résignée comme elle à cette humiliation... mais, après tant de fatigues et d'émotions... la pauvre mère succombe à son insu sous le poids de ce dernier effort... Si je n'étais pas médecin, je l'encouragerais en aveugle dans cette résolution dont je n'apercevrais pas les conséquences fatales... mais la science m'ayant ouvert les yeux, je vois apparaître, à travers la fièvre qui la dévore... tous les premiers symptômes d'une maladie mortelle...

FAUSTUS, *à part.* Il ne sait donc rien de la présence de Micaël?

RICHARD. Il faut absolument, prince, pour que mademoiselle Paula puisse conserver la comtesse, il faut qu'elle échappe à la condition servile que vous venez de lui faire.

FAUSTUS, *se levant.* Et vous espérez... qu'en me provoquant en duel...

RICHARD, *noblement.* Je ne tenterai de vous tuer, monsieur, que si je n'apercevais pas un chemin que m'indique mon devoir et ma conscience. Je suis venu pour vous dire : Prince, laissez mademoiselle Paula retourner auprès de sa mère, comme par le passé, à cette condition, moi, je partirais pour toujours.

FAUSTUS. Vous partirez?

RICHARD, *dévorant ses larmes.* Peu à peu... Mon absence effacera de son cœur... le souvenir de nos rêves... et peut-être, alors, consentira-t-elle... (*Il s'interrompt avec douleur.*)

FAUSTUS. Je souscris aux conditions que vous sollicitez, monsieur; mais quand voulez-vous partir?

RICHARD. Cette nuit...

FAUSTUS, *à part.* Cette nuit.

SCÈNE X

LES MÊMES, FÉDOR, *entrant par la porte latérale de gauche.*

FÉDOR, *effaré.* Prince!...

FAUSTUS. D'où vient ton émotion? (*Il va à lui.*)

FÉDOR. Cet homme... ce serf revenu de l'exil...

FAUSTUS. Eh bien?

FÉDOR. Il est là... souffrant, accablé!...

FAUSTUS, *avec épouvante.* Mon Dieu!...

FÉDOR. Un breuvage qu'il avait caché...

* Micaël, Faustus.

FAUSTUS. Qu'on le secoure!... qu'on le fasse vivre... qu'on appelle un médecin!

RICHARD, *s'avançant.* Un médecin, dites-vous?

FAUSTUS, *avec animation.* Ah! docteur Richard... c'est un pauvre homme qui a tenté de se donner la mort...

RICHARD. Où est-il? où est-il?

FÉDOR, *désignant à gauche.* Là... docteur... suivez-moi... (*Il sort avec Richard par la gauche.*)

SCÈNE XI

FAUSTUS, *seul.*

Quand Richard allait partir!... quand Paula perdait l'appui qui fait sa force!... (*Allant vers la porte.*) Mais ce n'est peut-être qu'un évanouissement?... (*S'arrêtant.*) Et je n'ose m'approcher de Micaël... S'il m'apercevait en revenant à lui... s'il me défiait encore devant Richard?... (*S'éloignant.*) Non... je dois attendre... Fédor viendra sans doute bientôt m'instruire... (*Voyant reparaître Richard.*) Eh bien! docteur...

SCÈNE XII

FAUSTUS, RICHARD.

RICHARD. Cet accablement est causé par l'opium; je voudrais écrire un ordonnance...

FAUSTUS, *lui indiquant la table.* Tenez, docteur...

RICHARD, *s'asseyant et écrivant.* Et la faire porter à deux pas d'ici, chez le chimiste auquel j'ai eu souvent recours pendant la maladie de mademoiselle Paula.

FAUSTUS. Donnez... donnez!.., vous l'aurez à l'instant...

RICHARD, *lui donnant l'ordonnance.* Qu'on se hâte... Je ne puis rien faire en attendant...

FAUSTUS, *montant au fond.* Le sauverez-vous, docteur?

RICHARD, *qui l'a suivi.* Si le contre-poison arrive à temps... j'en réponds!

FAUSTUS. C'est bien!.,. *Il sort par le fond et donne des ordres aux valets, qui s'approchent, la porte se referme.*)

SCÈNE XIII

RICHARD *seul, puis* BERNARD.

RICHARD, *pensif.* Oui... je dois réussir à vaincre ce terrible sommeil!... (*Avec réflexion.*) Mais quel intérêt le prince peut-il avoir à secourir son serf?... lui... si indifférent...

BERNARD, *entrant très-agité par la porte du fond, à droite.* Richard!

RICHARD, *surpris.* Vous, mon père!

BERNARD, *très-agité.* Je te cherchais... je viens d'entendre parler d'empoisonnement... de suicide?

RICHARD. Un serf du prince qui a voulu se tuer.

BERNARD, *avec terreur.* Est-ce qu'il est mort?

RICHARD, *pensif.* Un contre-poison pourrait le sauver, et j'attends...

BERNARD, *l'interrompant.* Dieu soit loué!... Tu ne sais pas ce que je viens d'entendre dire à Fédor?

BERNARD. Quoi donc?

BERNARD. Que ce serf est revenu de la Sibérie, et se nomme Micaël!

RICHARD. Mon père!

BERNARD, *vivement.* Je n'ose l'espérer encore... mais quoique je ne l'aie vu qu'une heure dans ma vie... je saurai bien le reconnaître... Où le voir? où est-il?

RICHARD. Et le contre-poison qui n'arrive pas... (*Montant au fond.*) Oh! je veux courir moi-même... (*Rencontrant Faustus, qui paraît au fond.*) Voici le prince. (*Courant à lui.*) Le contre-poison, prince?

FAUSTUS. Le voici!

RICHARD, *le prenant.* Merci... merci...

FAUSTUS. Avez-vous de nouvelles recommandations à me faire.

RICHARD. Non, prince... (*A Bernard.*) Venez, venez!... (*Ils sortent tous deux précipitamment par la gauche.*)

SCÈNE XIV

FAUSTUS, *puis* PAULA.

FAUSTUS, *seul.* Monsieur Bernard avec son fils... Quel empressement de la part du docteur... Dois-je en concevoir de l'espérance?... de l'espérance?... J'ose à peine prononcer ce mot... Demain, Micaël peut encore me défier et mourir... Non! je ne veux plus rien espérer... (*Ici Paula, pâle, chancelante, paraît par la droite et l'apercevant.*) Paula! (*Il va à elle.*) Qui cherchez-vous donc?

PAULA, *avec effort.* Vous!

FAUSTUS. Moi? (*A part.*) Que veut-elle?...

PAULA, *d'une voix saccadée.* Prince, mon père n'est pas mort en Sibérie!

FAUSTUS. Votre père!

PAULA, *de même.* Caché quelque part dans la ville, il était secrètement témoin de mon infortune!

FAUSTUS, *à part.* Elle ne sait pas qu'il est ici!

PAULA, *avec émotion.* Il vient de me faire remettre une lettre dans laquelle il m'apprend qu'il a su conquérir une liberté qui doit lui survivre dans son enfant;. puis, il me recommande de prier pour lui, qui veut se donner la mort, pour me léguer son héritage...

FAUSTUS, *feignant la surprise.* A vous? (*A part, en désignant la gauche.*) Que se passe-t-il dans cette chambre?

PAULA, *avec énergie.* Ne pensez-vous pas qu'un tel sacrifice d'un père pour son enfant en commande un autre à sa fille?

FAUSTUS, *à part.* Que veut-elle dire?

PAULA, *d'une voix plus ferme.* Je ne puis joindre mon père, qui se cache pour accomplir son funeste et généreux projet... et le pourrais-je, mon Dieu!... Qui me répondrait de sa vie tant qu'il me verrait souffrir dans le servage. Pour qu'il vive, il faut que je sois libre; pour que je sois libre, il faut... que je... devienne votre femme.

FAUSTUS, *à part.* S'il succombait en ce moment... (*Haut.*) Ainsi, vous voulez que votre père apprenne sans retard...

PAULA. Que le mariage m'a rendue libre.

FAUSTUS, *à Paula.* Vous êtes bien décidée?

PAULA. Puisqu'en hésitant, je condamnerais mon père.

FAUSTUS, *à part.* Il faut que je l'éloigne d'ici. (*Haut.*) Et ce serment d'être ma femme, oserez-vous venir le faire devant la comtesse?

PAULA. Conduisez-moi près d'elle.

FAUSTUS. Votre main! Paula!... votre main... (*Paula donne sa main après un violent effort.*) Venez! venez!... (*Ils sortent par le fond. — Bernard entre en scène avec précaution et va fermer la porte du fond.*)

SCÈNE XV

BERNARD, RICHARD.

BERNARD. Plus personne... viens, Richard, viens... (*Il va prendre par la main Richard, qui est en grand désordre.*)

RICHARD. Mon père!... sauvé, sauvé!...

BERNARD. Voyons, pauvre fils éprouvé, rappelle ton sang-froid, ton courage.

RICHARD,* *avec triomphe.* Je savais bien que ce remède était infaillible. Et vous avez vu... cette forte et puissante nature sortir de son sommeil comme d'une léthargie passagère... et retrouver peu à peu sa vigueur éteinte.

BERNARD. Oui, j'ai vu revivre mon frère et mon sauveur... maintenant... songeons à ce qu'il nous reste à faire.

RICHARD. Ne me disiez-vous pas que Faustus avait juré de se venger de mon père, qui l'a blessé dans son orgueil?

BERNARD. Tolapp me le répétait encore tout à l'heure.

RICHARD, *avec un mouvement de colère.* Si Faustus voulait lui infliger le knout ou les verges!

BERNARD, *montrant un pistolet.* Regarde... Je me suis armé en venant ici... mais n'y songeons pas encore... et tâchons d'abord d'abuser Faustus, qui peut venir d'un instant à l'autre. (*Ici Micaël paraît à gauche avec Tolapp qui lui tient la main et l'accompagne avec inquiétude.*) Je pourrai laisser planer le doute sur le rétablissement de mon père... et gagner ainsi du temps.

SCÈNE XVI

LES MÊMES, MICAEL, TOLAPP. (*Micaël est tête nue et d'une grande pâleur.*)

TOLAPP, *à Micaël, lui montrant Bernard et Richard.* Mais les voici!...

BERNARD,* *se retournant et allant à Micael.* Micaël!...

RICHARD,** *de même.* Mon p... mon ami.

MICAEL, *les regardant l'un après l'autre en leur tenant les mains.* Je ne vous entendais plus parler à mes côtés... Le silence m'a fait peur... Mais qui êtes-vous donc?

BERNARD. Te souviens-tu de Georges Bernard?

MICAEL. Georges... le fils de la mère Jeanne.

BERNARD. Oui... c'est moi...

MICAEL, *l'examinant.* Toi?... (*Désignant Richard.*) Et lui?...

BERNARD. C'est Richard... c'est mon fils.

MICAEL, *songeant.* Richard!... le fiancé!... Mais, où sommes-nous donc?...

BERNARD. Dans le palais de Faustus!

MICAEL. Faustus?... (*Avec terreur.*) Je me souviens... oui... (*cherchant en tâtant ses vêtements.*) Mais le poison... est-ce qu'on me l'a volé?

* Richard, Bernard.

** Richard, Micaël, Bernard, Tolapp.

BERNARD. Il t'aurait tué... sans le secours de mon fils.

MICAEL. Comment... ton fils... m'a secouru?

RICHARD, *s'approchant*. Dieu l'a permis...

MICAEL. Quoi.... vous m'avez empêché de mourir? vous... malheureux!... vous ne saviez donc pas que la mort de Micaël était la vie de Paula.

RICHARD. De Paula?...

MICAEL, *s'animant*. Et que vous la condamniez en me sauvant?

RICHARD. La condamner!

MICAEL, *avec désespoir*. Mon Dieu!... ces hommes ont détruit mon ouvrage!... Comment mourir, maintenant?

BERNARD, *venant à lui*. Il est quelqu'un pour qui tu dois vivre...

MICAEL, *avec délire*. Vivre!... Il faut que je meure, vous dis-je...

RICHARD. Mourir!...

MICAEL, *les repoussant*. Maudits soyez-vous... vous qui avez vaincu mon sommeil... qui tuez l'innocente fille... mais je la sauverai... je trouverai bien une mort plus certaine que le poison... (*Il veut monter au fond.*)

BERNARD, *lui barrant le passage*. Malheureux!

MICAEL, *en délire*. Arrière!

BERNARD. Ecoute-moi d'abord... et tu sauras pour qui tu dois vivre.

MICAEL, *hors de lui*. Je sais pour qui je dois mourir... laissez-moi passer.

BERNARD, *lui montrant son pistolet*. Tiens!... voici un pistolet chargé.

MICAEL, *vivement*. Donne... et je te bénirai.

BERNARD. Je jure que si après m'avoir entendu tu veux encore mourir... je te donnerai cette arme...

MICAEL. Parle donc vite... et je te rappellerai ton serment. (*Il revient en scène.*)

BERNARD. Tu te souviens bien... n'est-ce pas, qu'il y a vingt ans, rappelle-toi, lorsque tu allais préparer la fuite du sergent Bernard... tu te souviens bien que tu m'as laissé seul dans la cabane de la forêt.

MICAEL. Oui... oui... j'en ai bien conservé la mémoire ..

BERNARD. Pendant ton absence, des hommes y sont entrés et tandis que j'étais caché je les entendais désigner l'asile de ton fils, qu'ils avaient résolu de faire mourir.

MICAEL, *avec douleur*. Ils l'ont assassiné... les infâmes!

BERNARD. Non pas!... car je les avais précédés dans la cabane de l'ancienne.

MICAEL, Toi?

BERNARD. Et j'en avais enlevé ton fils avant leur arrivée.

MICAEL. Mon fils?

TOLAPP. Mon Dieu!...

BERNARD. Que mon père et ma mère... ont élevé à Saint-Bruno.

MICAEL. Comment!... quoi!... que dis-tu!... il existe encore?

BERNARD, *désignant Richard*. Il vient de te rappeler à la vie.

MICAEL. Lui! mon Dieu! (*Il chancèle.*)

BERNARD, *le soutenant*. Courage, ami!

RICHARD, *de même*. Mon père!... mon père!... c'est moi... c'est Richard... votre enfant...

MICAEL, *les rassurant*. Oh! ne tremblez pas... un éclair m'a subitement frappé... mais un éclair de joie... (*Ils le font asseoir.— Considérant Richard qui s'est agenouillé près de lui.*) Paul!... Paul!... sauvé par Bernard!

RICHARD. Sauvé par lui, mon père.

BERNARD, *lui présentant le pistolet*. Veux-tu mourir encore?

MICAEL, *le repoussant*. Non pas... non pas!... puisque Dieu me charge de rendre à l'enfant dépouillé sa fortune et ses droits, et de renverser Faustus.

BERNARD. Je ne te comprends pas?...

MICAEL. Bernard!... l'enfant que tu as sauvé jadis... m'avait été confié par la comtesse Alexandra.

BERNARD. Comment?

RICHARD. Moi?

MICAEL, *se levant et faisant lever Richard qu'il tient par la main*. Et tu as emporté dans ta fuite le fils du prince Constantin Semoloff.

BERNARD. C'est impossible!

TOLAPP. Pardon, capitaine, M. Richard est le prince d'Arckangel.

RICHARD. Moi, prince?

MICAEL. Vous, l'enfant du prince et de la comtesse Alexandra.

RICHARD. Ma mère!... que je pourrai consoler et défendre!...

MICAEL, *vivement*. Mais avant de proclamer vos droits... il faut, mon prince, vous armer contre Faustus, qui voudra vous les contester.

BERNARD. Oui!...

RICHARD. Si nous courrions à la citadelle, nous confier au major Blum.

MICAEL. Le major nous prêtera son appui pour démasquer l'imposteur.

RICHARD. Venez!...

MICAEL, *l'arrêtant*. Voulez-vous savoir maintenant, mon seigneur, pourquoi je voulais mourir?

RICHARD. Pourquoi?

MICAEL. Pour émanciper ma fille.

RICHARD. Votre fille?

MICAEL. Paula!... qui est votre serve et non pas celle de Faustus!

BERNARD *et* RICHARD. Paula!

MICAEL, *prenant Richard par la main*. A la citadelle... mon prince!... hâtons-nous!... Venez!... venez... (*Il l'entraîne glorieux.*)

BERNARD *et* TOLAPP. A la citadelle! (*Ils sortent tous les quatre avec une grande animation pendant que le rideau tombe.*)

FIN DU TROISIÈME ACTE.

ACTE QUATRIÈME

Une pièce de l'appartement de la comtesse Alexandra à Arkangel. Grande Porte au fond ouvrant sur un vestibule. Deux pans coupés avec portes, cheminée à droite, et, du même côté une, table riche sur laquelle sont posés un bouquet et une couronne de mariée; siéges à droite et à gauche. Au lever du rideau, Schmith entre en scène par le fond, précédant Faustus et Fédor.

—

SCÈNE PREMIERE

FAUSTUS, FÉDOR, SCHMITH

SCHMITH. Si son excellence veut prendre la peine d'entrer ici, je vais annnoncer sa visite à madame la comtesse. (*Il entre dans l'appartement par la porte qui s'ouvre dans le pan coupé à droite.*)

FAUSTUS, *voyant les fleurs sur la table*. Voici la couronne et le bouquet de la mariée. (*A Fédor, en allant s'asseoir à gauche.*) Tu vois, Fédor, qu'il ne faut désespérer de rien... Si j'avais partagé ta faiblesse...

FÉDOR. La confiance et le courage sont des vertus que j'admire...

FAUSTUS.* Mais que tu ne pratiques pas.

FÉDOR. J'ai fait cette nuit toutes sortes de vilaines réflexions... Vous m'aviez chargé d'apprendre moi-même à Micaël l'importante résolution de sa fille.

FAUSTUS. Et tu t'en es acquitté?...

FÉDOR. Oui... mais j'ai trouvé Micaël à la citadelle, en secret conciliabule avec le major Blum et les Bernard.

FAUSTUS. Je viens précisément d'envoyer au major toutes les preuves irrécusables de mes droits sur Paula, en lui demandant l'appui de son autorité si l'on me créait encore quelque obstacle imprévu.

FÉDOR. Je ne serai, moi, complétement rassuré qu'après votre mariage et le départ des Français.

SCHMITH, *entrant par la droite*. Prince...madame la comtesse vous attend.

FAUSTUS, *se levant*. C'est bien. (*A Fédor.*) Va donc à la chapelle du Palais... et veille toimême aux apprêts du mariage. (*Il entre à droite. Schmith sort par le fond.*)

SCÈNE II

FÉDOR, *puis* MICAEL, BERNARD, TOLAPP.

FÉDOR. Oui... je vais les hâter, les préparatifs... encore une journée à passer... mais plus qu'une... et, demain, je pourrai, enfin, dormir sans rêver de prince d'aventure et de maison qui brûle. (*Comme il va pour sortir, il voit arriver Micaël et Bernard, suivis de Tolapp.*)

BERNARD.** Salut! maître Fédor...

FÉDOR. Monsieur Bernard... ici!

MICAEL. Bonjour... maître.

FÉDOR. Et Micaël!... (*Voyant Tolapp.*) Que veut donc Tolapp?

* Fastus assis, Fedor.
** Micaël, Fédor, Bernard, Tolapp au fond.

*TOLAPP. Je me rends à mon devoir et viens me mettre à votre service.

FÉDOR, *lui désignant sa canne et son chapeau, qu'il a posés sur une chaise au fond.*) Tiens!... porte ma canne et mon chapeau, tu vas me suivre à la chapelle.

BERNARD, *à Fédor*. Un mot... s'il vous plaît.

FÉDOR. Qu'est-ce?

BERNARD, *allant prendre le bouquet sur la table*. N'est-ce pas là le bouquet de la mariée?

FÉDOR, *avec importance*. C'est celui de la future princesse... comment le trouvez-vous?

BERNARD, *après avoir examiné le bouquet*. Bon... à mettre au feu. (*Il le jette dans la cheminée.*)

FÉDOR, *épouvanté*. Que faites-vous?

MICAEL, *prenant la couronne*. Et la couronne, que vous oubliez, capitaine. (*Il la jette de même.*)

FÉDOR, *allant à Micaël*. Malheureux!... (*Bernard passe de l'autre côté de Fédor.*)

MICAEL. Vous ne savez-donc pas que ce mariage n'aura pas lieu?

FÉDOR. Pourquoi?

MICAEL. Parce que nous venons de découvrir que mademoiselle Paula est la fille de la comtesse... et non pas la mienne...

FÉDOR. Vous avez découvert cela?...

MICAEL. Oui, nous avons découvert...

FÉDOR.* Et vous avez l'audace?...

BERNARD. Oui... nous avons l'audace?...

FÉDOR, *s'emportant*. Savez-vous que j'ai bien envie de faire comme le prince... et de me mettre en colère... (*Se contenant*). Mais, j'aime mieux vous donner un dernier conseil.

BERNARD. C'est une preuve qu'il faudrait nous donner.

FÉDOR. Une preuve?... vous ne savez donc pas, insensés... que le prince a jadis intercepté et lu une lettre adressée du bourg des Falaises à la comtesse, par le médecin qui l'avait assistée?...

BERNARD. Une lettre?...

FÉDOR. Dans laquelle, il lui parlait du fils qu'elle avait mis au monde... et de la substitution des enfants, faite par Matrena, la femme de Micaël..., êtes-vous instruits maintenant?

BERNARD. Mais cette lettre imaginaire... le Prince ne pourrait la produire.

FÉDOR. Je n'en sais rien!... mais il aurait mon témoignage, car il me l'a montrée... et je l'ai lue aussi... moi! qui vous parle.

BERNARD. Vous?... (*Mouvement de Micaël. Tolapp descend à gauche et considère Fédor.*)

FÉDOR, *avec importance*. Moi-même... Cette preuve vous suffit-elle?...

BERNARD, *s'avançant lentement sur lui*. Mais alors... vous êtes donc celui à qui le prince, déguisé en mendiant, confiait cette lettre dans la forêt, tandis que moi, le Français poursuivi... j'étais caché derrière les fagots!...

FÉDOR, *surpris*. Comment!... quoi?... qui...

MICAEL, *le serrant de l'autre côté*. Vous êtes donc l'infâme coquin...

BERNARD. Qui se chargeait alors d'incendier la cabane pour exterminer le fils de Micaël.

* Tolapp, Bernard, Fédor, Micaël.

FÉDOR. Moi!... non... quel fils?

BERNARD. Le prince n'a montré cette lettre qu'à un seul homme. Je le sais... Et puisque vous l'avez lue...

MICAEL. Vous êtes l'incendiaire et l'assassin que nous cherchons.

FÉDOR, *serré par les deux*. Pardon... Je n'ai pas dit... vous croyez... parce que... mais... vous ne me donnez pas le temps de m'expliquer...

BERNARD. Vous allez nous expliquer cela sans retard à la citadelle, devant le major Blum... Venez!...

FÉDOR. Non pas... des occupations très-urgentes... qui m'appellent en ce moment. (*Il fait un pas pour sortir.*)

MICAEL, *l'empoignant*. Vous les reprendrez bientôt... Nous avons une voiture à votre service.

FÉDOR. Merci... non!

BERNARD, *l'empoignant aussi*. Ca ne sera pas long.

FÉDOR, *voulant se dégager*. Ah! si vous croyez que j'ai le temps de me promener en voiture...

BERNARD, *le couchant en joue avec un pistolet*. Dépêchons!... ou je vous tue.

MICAEL, *le couchant en joue de l'autre côté*. Si vous hésitez... je vous brûle.

TOLAPP, *levant la canne de Fédor sur lui*. Et moi... je cogne!... (*Fédor épouvanté s'affaisse comme s'il allait s'évanouir, Bernard et Micaël, qui le tiennent chacun sous un bras, le recampent debout.*)

FÉDOR, *cherchant à se remettre*. Quand... on s'y prend... si... poliment.

MICAEL ET BERNARD. Marchons!... (*Ils l'entraînent, et Tolapp sort le dernier en faisant avec sa canne un petit moulinet. La porte par laquelle Faustus est entré chez la Comtesse s'ouvre, il paraît avec la Comtesse et Paula.*)

SCÈNE III

FAUSTUS, LA COMTESSE, PAULA.

*FAUSTUS *à la Comtesse*. Faut-il donc que je me retire, madame la Comtesse, en déplorant qu'un jour qui comble tous mes vœux, soit pour vous une occasion de tristesse et de regret.

LA COMTESSE. Vous ne pouvez attendre de moi que de la résignation... monseigneur.

FAUSTUS. Pardon, madame, je respecte votre silence. (*A Paula.*) Mais vous, Paula, ne donnerez-vous pas un seul regard, un seul, au brillant avenir, que notre union vous promet?

PAULA. Moi, prince..., j'accomplirai, sans verser une larme, le sacrifice que je dois à mon père qui voulait donner sa vie pour ma liberté.

FAUSTUS. Oui... ce projet héroïque et funeste, il a tenté de l'accomplir dans mon palais, et je ne crains pas de l'avouer ici... c'est le docteur Richard qui lui a donné de prompts secours.

* La comtesse, Paula, Faustus.

PAULA. Richard ?

FAUSTUS. Dont je ne contesterai plus le talent... votre consentement, Paula, m'a rendu plus juste et meilleur... A bientôt... Votre époux va vous attendre en comptant les minutes... (*Il salue et monte à la porte.*)

SCHMITH, *paraissant au fond*. Madame la Comtesse... l'affranchi Micaël demande à vous saluer.

PAULA. Mon père!

LA COMTESSE. Micaël?...

*FAUSTUS, *vivement au domestique*. Qu'il attende!... (*Le domestique remonte dans le vestibule. A la Comtesse.*) Vous ne pouvez recevoir cet homme, madame.

LA COMTESSE. Pourquoi?

PAULA. Refuser de voir mon père, à l'heure de mon mariage.

FAUSTUS. Il le faut, Paula... je l'exige...

PAULA. Vous l'exigez?

FAUSTUS. Parce que je redoute ses conseils... Sa présence... en ce moment, me fait craindre quelque conspiration nouvelle.

LA COMTESSE. Pouvez-vous supposer, Prince?

FAUSTUS. Je suppose tout, madame... et je ne consentirai à laisser cet homme s'approcher de vous qu'à une condition.

LA COMTESSE. Laquelle?

FAUSTUS. C'est que je pourrai secrètement entendre votre conversation avec lui.

LA COMTESSE. Secrètement?...

FAUSTUS. Oui, madame.

LA COMTESSE. Je ne vous comprends pas.

FAUSTUS. (*Désignant la porte du pan coupé à gauche.*) Je puis entrer là... et derrière cette porte...

LA COMTESSE, *l'interrompant*. Mais, prince... une telle exigence...

FAUSTUS. J'ai trop souffert, madame, des refus et des outrages, pour ne pas en redouter le retour... et puisque Micaël m'en fournit l'occasion, je veux en profiter pour connaître ses projets et ses espérances... Mais que vous importe, madame, vous n'avez rien à craindre, puisqu'il dépendra de vous d'écarter tout nouveau danger... (*A Schmith.*) Faites venir Micaël. (*A Paula.*) Ecoutez, Paula, vous êtes princesse... vous pouvez tout promettre à votre père... vous pouvez, en empêchant tout nouvel obstacle, assurer à jamais votre repos et celui de madame la Comtesse... (*Il va à la porte.*) N'oubliez pas que je pourrai tout entendre... ainsi, prudence!... et discrétion.

LA COMTESSE. Mais, Prince!...

FAUSTUS. Je le veux ainsi, madame. (*Il disparait derrière la porte.*)

SCENE IV

LA COMTESSE, PAULA, MICAEL.

LA COMTESSE, *à Paula en allant à elle*. Courage et prudence, mon enfant.

PAULA. Je n'en manquerai pas. (*Voyant paraître Micaël qui s'arrête avec émotion.*) Mon père. (*Elle va à lui.*)

MICAEL. Paula!... (*Comme il va lui ouvrir ses bras, il voit la Comtesse.*) Madame la Comtesse. (*Il s'avance et s'agenouille devant elle.*)

**LA COMTESSE. Relève-toi... pauvre Micaël... ton courage vient de jeter un voile sur les malheurs passés.

* Comtesse, Faustus, Paula.
** Paula, Micaël, la Comtesse.

MICAEL, *se relevant*. Si je n'avais la certitude que les malheurs passés pussent être réparés... je ne serais jamais entré chez la comtesse Alexandra.

LA COMTESSE. Que veux-tu dire?

MICAEL, *avec âme*. Je veux dire, madame, qu'il nous arrive un bonheur si grand... que vous hésiterez à le croire... je veux dire enfin, que votre fils n'est pas mort autrefois dans l'incendie que des mains criminelles avaient allumé.

LA COMTESSE. Mon fils!

MICAEL. Vous savez que lorsque le feu prit à la cabane... je me dévouai à la défense d'un prisonnier Français?

LA COMTESSE. Oui.

MICAEL. Eh bien!... ce Français, que j'ai rencontré cette nuit dans le palais de Faustus... était le sergent Bernard, aujourd'hui le capitaine...

PAULA. M. Bernard?...

MICAEL. Et tandis que je préparais sa fuite, Bernard qui avait entendu menacer mon fils, l'enlevait de la cabane qui brûlait au bas de la côte...

LA COMTESSE. Que dis-tu?

MICAEL. Je dis que le sergent Bernard, qui croyait sauver le fils du serf Micaël, emportait le vôtre en France.

LA COMTESSE *et* PAULA. Richard!...

MICAEL. Est votre fils, madame... est le prince d'Arkangel!... Nous en avons la preuve.

LA COMTESSE. Juste ciel!

PAULA. Quoi! Richard?...

MICAEL, *allant à elle*. Oui, mon enfant...

SCHMITH, *paraissant et annonçant*. Le capitaine Bernard et le docteur Richard.

LA COMTESSE. Mon fils!

SCÈNE V

LES MÊMES, BERNARD, RICHARD.

RICHARD, *qui vient d'entrer*. Ma mère!...

LA COMTESSE. Richard... mon enfant!...

RICHARD, *lui prenant la main en tremblant d'émotion*. J'avais chargé Micaël de tout vous révéler, ma mère, l'émotion m'aurait empêché de vous convaincre... Mais j'ai voulu vous embrasser... vous serrer sur mon cœur... (*Désignant Paula.*) J'ai voulu consoler mon épouse adorée... avant d'aller demander compte à Faustus de vos larmes.

LA COMTESSE. Faustus, non, tu ne le verras pas. (*Regardant la porte*) Non!... je ne veux pas qu'il te rencontre... Partez... partez!... Moi, femme, je puis braver sa colère... Oh! partez... partez...

PAULA, *à Micaël*. Oh! je vous en supplie, ne quittez pas ma mère.

LA COMTESSE. Paula!..

MICAEL. Faustus est donc ici? (*Moment de silence.*)

PAULA, *résolûment*. Oui, caché derrière cette porte... Il a tout entendu.

TOUS. Faustus!...

RICHARD, *à la Comtesse*. Et vous vouliez, ma mère!... (*Comme Micaël et Bernard font un pas pour monter à la porte, elle est violemment ouverte par Faustus, qui parait, tout le monde s'arrête. Faustus entre lentement en scène, et, après avoir regardé la comtesse, il lance un regard de colère à Paula. Micaël, qui l'examinait, vient aussitôt se placer entre lui et elle.*)

SCÈNE VI

PAULA, MICAEL, FAUSTUS, BERNARD, LA COMTESSE, RICHARD.

* FAUSTUS. Et vous croyez que je ne déchirerai pas les pages de ce roman d'aventure que vous avez préparé tous ensemble. (*A Richard.*) Richard! quand on se dit prince, on doit savoir tenir une épée.

RICHARD, *s'élançant*. Et je vous prouverai...

LA COMTESSE, *épouvantée et le retenant*. Un duel?...

BERNARD. Vous oubliez, Richard, qu'un prince doit aussi savoir choisir ses adversaires... (*A Faustus.*) Mais un seul de nous, Faustus, suffirait pour vous châtier sur le terrain.

MICAEL, *s'avançant*. Et nous sommes trois...

FAUSTUS, *très-calme*. Comment, toi aussi, Micaël... un serf, qui me provoque.

MICAEL. Vous avez raison, et j'avais tort... (*Noblement.*) Un serf ne doit pas se battre avec un assassin!... et notre duel aura lieu devant l'empereur.

RICHARD, *s'avançant*. A qui nous allons demander justice.

FAUSTUS, *avec hauteur*. Vous me trouverez tous près de Sa Majesté pour vous confondre et me justifier.

RICHARD, *allant le défier*. Je vous y donne rendez-vous.

SCÈNE VII

LES MÊMES, TOLAPP, *accourant du fond.*

TOLAPP. Une lettre du major Blum au prince d'Arckangel. (*Il la présente à Richard.*)

FAUSTUS, *la prenant*. Il n'y a ici qu'un prince, et c'est moi... Cette lettre m'est adressée par le major Blum.

RICHARD, *avec ironie*. Lisez-la donc... prince Faustus...

FAUSTUS, *lisant*. « Prince, je puis mettre à » votre disposition la déclaration d'un homme » qui, pour conjurer la sévérité des juges... (*Il s'interrompt avec frayeur.*)

BERNARD, *lui prenant la lettre*. Vous voyez bien que cette lettre est pour le prince d'Arckangel. (*Il la donne à Richard.*)

RICHARD, *lisant*. «Vient de dénoncer l'aventurier qui avait usurpé le nom de Faustus, » (*Mouvement de tous*) et de signer, lui, Fédor, » qu'il a vainement cherché la trace du fils » de la comtesse dans les débris de la cabane » incendiée par ordre du faux prince, que je » fais garder à vue. » (*L'escorte parait au fond.*)

FAUSTUS, *à Faustus, qui reste atteré*. Venez donc, maintenant, vous justifier devant l'empereur!... (*A Richard et Bernard.*) A Saint-Pétersbourg, messieurs!...

RICHARD. Avant de nous séparer de ma mère, Micaël, unissez vos deux enfants.

MICAEL, *prend Paula par la main et passe devant Faustus avec un air de triomphe*. Soyez bénis! vous qui êtes à la fois les enfants de la Russie et de la France hospitalière.

TOLAPP, *à Faustus*. Vous irez donc à votre tour prendre le frais en Sibérie. (*Faustus fait un mouvement pour se sauver, mais il trouve des officiers qui lui barrent le passage.*)

* Paula, Micaël, Faustus, Bernard, la Comtesse, Richard.

FIN.

Paris. — Typ. Morris et Comp., rue Amelot, 64.

EN VENTE A LA MÊME LIBRAIRIE :

ROMANS MODERNES, HISTOIRE, LITTÉRATURE ET VOYAGES ILLUSTRÉS.

20 centimes la livraison contenant la matière d'un volume in-8°. — Ouvrages complets en vente :

SANS ILLUSTRATIONS.

Le Salteador, par Alex. Dumas . . . . . » 70
La comtesse de Charny, par Alex. Dumas . . 4 05

AVEC ILLUSTRATIONS.

Les Crimes célèbres, par Alex. Dumas, les 5 parties en un seul volume 3 95

Les mêmes par séries brochées séparément comme suit :

La Marquise de Brinvilliers, la Comtesse de Saint-Géran, Karl Sand, Murat, les Cenci, par Alex. Dumas . . . . . » 90
Marie Stuart, par Alex. Dumas . . . . . » 70
Les Borgia, la Marquise de Ganges, par Alex. Dumas . . . . . » 90
Les Massacres du Midi, Urbain Grandier, par Alex. Dumas 10
Jeanne de Naples, Vaninka, par Alex. Dumas . » 70
Shakspeare (Œuvres complètes), traduction nouvelle, par BENJAMIN LAROCHE. — Édition illustrée de 220 gravures sur bois. 2 magnifiques volumes 11 55
Picciola, par X.-B. Saintine . . . . . » 60
Confessions générales, par F. Soulié 2 55
Saturnin Fichet, par F. Soulié 2 75
Huit jours au château, par Fr. Soulié . . . 1 10
Au jour le jour, par Fr. Soulié . . . . . » 90
Le Bananier, par Fr. Soulié . . . . . » 70
Marguerite, par Fr. Soulié . . . . . » 90
Un Malheur complet, par Fr. Soulié . . . . » 50
Julie, par Fr. Soulié 1 30
Diane de Chivry, par Fr. Soulié . . . . . » 50
Le Conseiller d'État, par Fr. Soulié 1 10
Les Quatre Sœurs, par Fr. Soulié 1 10
Le Magnétiseur, par Fr. Soulié 1 10
Eulalie Pontois, par Fr. Soulié . . . . . » 50
Le Comte de Toulouse, par Fr. Soulié 1 10
Sathaniel, par Fr. Soulié 1 10
Le Vicomte de Béziers, par Fr. Soulié . . . 1 10
La Lionne, par Fr. Soulié 1 10
Le Lion amoureux, par Fr. Soulié . . . . . » 50
Les deux Cadavres, par Fr. Soulié 1 10
Les Mémoires du Diable, par Fr. Soulié . . 3 15
Les Prétendus, par Fr. Soulié . . . . . » 70
La jolie Fille du Faubourg, par P. de Kock . 1 40
L'Amoureux transi, par Paul de Kock . . . 1 17
L'Homme aux trois Culottes, par P. de Kock . » 90
Ce Monsieur! par Paul de Kock 1 40
La Famille Gogo, par Paul de Kock 1 30
Sansaravate, par Paul de Kock 1 30
L'Amant de la Lune, par Paul de Kock . . . 3 15
Carotin, par Paul de Kock 1 10
L'amour qui passe et l'amour qui vient, par Paul de Kock . . . . . » 70
Mon ami Piffard, par Paul de Kock . . . . . » 50
Une Gaillarde 1 80
Cerisette 1 50
Taquinet le bossu, par Paul de Kock . . . . » 70
La Mare d'Auteuil, par Paul de Kock 1 95
Les Étuvistes, par Paul de Kock . . . . . 2 »
Le Juif errant, par E. Sue 3 75
Les Mystères de Paris, par E. Sue 3 75
Misères des Enfants trouvés, par E. Sue. 1 v. 4 80
La Famille Jouffroy, par E. Sue. 1 vol. . . 3 »
Les Sept Baisers de Buckingham, par E. Gonzales et Molert . . . . . » 70
Les Prisons de l'Europe, par Alboize et Maquet 3 55
Rome souterraine, par Charles Didier 1 10
Thécla, par Charles Didier . . . . . » 90
Les Mémoires d'un Page de la Cour impériale, par Émile Marco de Saint-Hilaire . » 90
Une Tête mise à prix, par Dinocourt . . . . » 90
Voyage autour du Monde (Souvenirs d'un Aveugle), par Jacques Arago 2 35
Le Docteur Rouge, par J. Laffitte . . . . . » 90
La Famille Perlin, par Devred . . . . . » 70

MAGASIN THÉATRAL ILLUSTRÉ

CHAQUE PIÈCE COMPLÈTE : 20 CENTIMES.

Mercadet, 3 actes.
La Marquise de Senneterre, 3 actes.
Claudie, 3 actes.
Jenny l'Ouvrière, 5 actes.
Le Verre d'eau, 5 actes.
Le Riche et le Pauvre, 5 actes.
Jean le Cocher, 5 actes.
La Pensionnaire mariée, 1 acte, et **Les Rubans d'Yvonne**, 1 acte.
La Faridondaine, 5 actes.
Simple Histoire, 1 acte, et **Un bal du grand monde**, 1 acte.
La Fille de Mme Grégoire, 1 acte.
La Chanoinesse, 1 acte.
Masséna, 5 actes.
Le Diplomate, 1 acte.
Le Mari de la Dame de chœurs, 2 actes.
La Camaraderie, 5 actes.
Frère Tranquille, 5 actes.
Les Pilules du Diable, 5 actes.
Les Enfants de troupe, 2 actes.
La Dame aux Camélias, 5 actes.
Le Château des Tilleuls, drame en 5 actes.
Bertrand et Raton, 5 actes.
Richard III, drame en 5 actes.
Une Nichée d'Arlequins, 1 acte.
Les Femmes du Monde, com.-vaud. en 5 actes.
Adrienne Lecouvreur, 5 actes.
Le Bourreau des Crânes, 3 actes.
Les Tables tournantes, 1 acte.
Les Œuvres du Démon, drame en 5 actes.
Les Deux Marguerite, 1 acte.
La Haine d'une Femme, 1 acte.
Elvire ou le Collier d'or, 3 actes.
Les Diamants de Madame, 1 acte.
Les deux Précepteurs, 1 acte.
Le Consulat et l'Empire, 1 actes.
Maurice, comédie en 5 actes.
La Corde sensible, vaudeville.
Le Vieux Garçon et la Petite Fille, vaudeville.
L'Ouvrier, drame en 5 actes.
Diane de Chivry, drame en 5 actes.
Jacques le Corsaire, 5 actes.
La Vénitienne, drame en 5 actes.
Les Fils Gavet, 1 acte.
Alibaba, 3 actes.
La Pêche aux corsets, 1 acte.
Le Prince Eugène, 3 actes
Mauvais Gas, 5 actes.
La Poudre de Perlinpinpin, 3 a. et 20 tableaux.
L'Ambassadeur, 1 acte.
La Belle-Mère, 1 acte.
Avant, Pendant et Après, 3 actes.
Le Coiffeur et le Perruquier, 1 acte.
Malvina, 2 actes.
Les Malheurs d'un Amant heureux, 1 acte.
Valérie, comédie en 5 actes.
Une Passion secrète, 5 actes.
La Demoiselle à marier, 1 acte.
Paillasse, 5 actes.
Le Bal du Sauvage, 3 actes.
Gusman ne connaît pas d'obstacles, 4 actes.
Une Indépendance en cœur, 1 acte.
Une Idée de Jeune Fille, 1 acte.
Un Moyen dangereux, 1 acte.
Les Noces de Merluchet, 3 actes
L'Héritière, 1 acte.
Les Rues de Paris, 5 actes.
La Fille du Feu, 3 actes.
Le Paradis perdu, 5 actes.
L'Ondine et le Pêcheur, 1 acte.
Un conte de Fées, 2 actes.
Les Amours maudits, 5 actes.
Le Vieux Bodin, 1 acte.
Une Partie de Cache-cache, 1 acte.
L'Enfant de la Halle, 3 actes.
La Bataille de l'Alma, 3 actes.
Grégoire, 1 acte.
Un vieux Loup de Mer, 1 acte.
La Bourgeoise ou les cinq Auberges, 3 actes.
Les Conquêtes d'Afrique, pièce militaire, 4 actes
Voilà ce qui vient de paraître, 3 actes.
Le Manoir de Montlouviers, 5 actes.
Mauprat, 5 actes.
La Duchesse de la Vaubalière, 5 actes.
Le Cordonnier de Crécy.
André le Mineur.
Le Monde camelotte.
Les Vignerons d'Argenteuil.
Les Carrières de Montmartre.
Malvina.
La Tour de Londres.
La Grotte de la Falaise.
Suzanne.
César Borgia.
Le comte Hermann.
La Servante.
Flaminio.
Vous allez voir ce que vous allez voir.
La Vie en rose.
La Marchande du Temple.
Madame Lovelace.
Les Frères de la côte.
La Montre de Musette.
La Tour-Saint-Jacques-la-Boucherie
Atar-Gull.
Le Diable d'argent.
La Question d'économie
L'Enfant du tour de France.
Rose la Fruitière.
Un Million dans le ventre.

NOUVELLE GALERIE DES ARTISTES DRAMATIQUES VIVANTS PEINTS ET GRAVÉS SUR ACIER PAR CH. GEOFFROY.

Chaque portrait est accompagné d'une NOTICE BIOGRAPHIQUE et se vend **50** cent. L'ouvrage complet, **80** portraits brochés en **2** volumes : **40 francs.**

NOUVELLE BIBLIOTHÈQUE CHOISIE

Collection à 1 fr. le volume de 300 à 400 pages in-18.

EN VENTE

ANATOLE CLAVEAU.

L'ANNÉE DE LA COMÈTE, 1 vol in-18 1

PAUL AVENEL.

LES ÉTUDIANS DE PARIS, 1 volume in-18 1

PAUL DELTUF.

LES PIGEONS DE LA BOURSE, 1 volume in-18 1

CHARLES DIDIER.

CHAVORNAY, 1 vol. in-18 1

ALEXANDRE DUMAS.

HENRI IV, 1 vol. in-18 (LES GRANDS HOMMES EN ROBE DE CHAMBRE) . 1
LA MARQUISE DE BRINVILLIERS, — LA COMTESSE DE SAINT-GÉRAN. — JEANNE DE NAPLES. — VANINKA. 1 volume in-18 . 1
LES BORGIA, — LA MARQUISE DE GANGES, — LES CENCI. 1 vol. in-18 . 1
LES MASSACRES DU MIDI, — URBAIN GRANDIER 1 vol. in-18 . 1
MARIE STUART, — KARL SAND, — MURAT. 1 vol. in-18 . 1
LA JEUNESSE DE LOUIS XIV, comédie en 5 actes en prose (inéd.) 1 vol. in-18 . 1

LE MARQUIS DE VARENNES.

CONTES ET HISTORIETTES, 1 vol. in-18 1

LE VICOMTE PONSON DU TERRAIL.

LE LION DE VENISE, — LES ORANGES DE LA MARQUISE, — CHEZ MON GRAND-PÈRE, — LA DRAGONNE DU CHEVALLIER, etc. 1 volume in-18 . 1

ÉTIENNE ÉNAULT.

LES QUATRE FAUVETTES, 1 vol. in-16 1

SAINTINE.

LES SOIRÉES DE JONATHAN, 1 vol. in-18 1
LES MÉTAMORPHOSES DE LA FEMME, 1 vol. in-18 1

ALFRED DALMBERT.

FLANERIES PARISIENNES AUX ÉTATS-UNIS, 1 vol. in-16 1
PHYSIOLOGIE DU DUEL, 1 vol. in-16 1

www.ingramcontent.com/pod-product-compliance
Ingram Content Group UK Ltd.
Pitfield, Milton Keynes, MK11 3LW, UK
UKHW020535180726
13839UKWH00006B/2525